KB129030

창의성과 사회적 기술 향상을 위한

미술치료 열두 달 프로그램

창의성과 사회적 기술 향상을 위한

미술치료 열두 달 프로그램

최외선 · 김갑숙 · 서소희 · 홍인애 공저

학지사

머리말

앨빈 토플러(Alvin Toffler)는 "미래는 예측(predict)하는 것이 아니라 상상(imagine)하는 것"이라고 했다. 최근 학교교육 시스템에 대한 비판이 높아지면서 전인적인 교육을 위해 창의성에 대한 요구가 점차 강조되고 있다.

또한 자아존중감에 밀접한 영향을 주며 긍정적 또래 관계 및 학교 적응능력과 관련 있는 사회적 기술의 습득과 발달은 전 생애에 걸쳐 요구되는 중요한 발달과업 중의 하나이다.

이러한 창의성 계발과 사회기술 습득을 위해서는 유·아동, 청소년 스스로 다양한 방법을 시도해 보고 새로운 생각과 시도를 자유롭게 실험해 볼 수 있는 학습 환경과 상호작용을 통해 또래와 교사의 관계를 탐색하고 증진시키는 활동을 조성해 주는 것이 시급하다.

집단미술치료는 누구나 쉽게 접할 수 있고, 방어를 줄여 줄 수 있으며 또래 자극을 통해 새로운 시도와 새로운 방법을 고안할 수 있는 창의성의 발현과 향상에 분명히 도움을 줄 수 있다. 또한 집단미술치료는 또래와의 긍정적 상호작용을 위해 반드시 필요하며 학업 성취와 깊은 관련이 있는 사회적 기술 역시 집단미술치료라는 심상 표현 과정을 통해 습득되고 향상된다.

이 책은 몇 년간 저자들이 상담과 교육현장에서 유·아동, 청소년이 가정과 학교에서 경험하는 갈등과 두려움, 스트레스를 극복하고 문제를 해결하는 방법을 다양하면서도 구체적이고 실질적으로 접근할 수 있도록 도움을 주고자 진행했던 집단미술치료 프로그램을 정리한 것이다.

따라서 이 책은 유·아동, 청소년이 겪는 갈등을 해결할 뿐 아니라 프로그램 전반에 걸쳐 다양한 소재와 주제를 이용하여 창의성 발달, 다중지능의 발달을 촉진하였으며 사회적 기술을 훈련하고 습득할 수 있도록 하였다.

이 책의 내용은 이론편과 실제편으로 나누어져 있다.

이론편에서는 창의성의 중요성과 미술치료를 통한 창의성 향상에 관한 이론적 근거, 사회적 기술의 중요성과 사회적 기술 향상을 위한 집단미술치료의 장점을 제시하여 미술치료가 제공할 수 있는 여러 가지 긍정적인 효과 중에서 창의성과 사회적 기술에 대해 살펴볼 수 있도록 서술하였다.

실제편에서는 집단미술치료 프로그램을 12개의 주제로 나누어 월별로 구성하였으며 매월의 프로그램들은 유·아동, 청소년의 가정 및 학교생활을 중심으로 하여 1년을 전체적인 한 맥락으로 조망할 수 있도록 하였다.

프로그램을 구체적으로 살펴보면,

1월은 자신에 대한 깊은 탐색을 유도할 수 있는 '자신을 찾아가는 여행', 2월은 새로운 학년을 준비하면서 변화에 능동적으로 참여할 수 있도록 격려하는 '새로운 시작을 위하여', 3월은 유치원과 학교 현장에서 새로운 환경과 사람들과의 관계를 잘 형성할 수 있도록 돕는 '서로를 알아가는 기쁨', 4월은 친구와 함께 하는 활동을 통해 친구관계를 적극적으로 형성할 수 있도록 돕는 '조금 더 깊이 친구를 알아가요', 5월은 가정에서 가족과 함께 나눌 수 있는 활동을 통하여 가족의 소중함을 경험할 수 있도록 격려하는 '5월은 가정의 달', 6월은 여러 관계 속에서 일어나는 스트레스 상황에서 나를 지킬 수 있는 방법을 찾는 '관계 속에서 힘든 마음 다루기', 7월은 다양한 소재와 기법들을 활용하여 새로움과 창의성을 경험하게 하는 '매체의 변화', 8월은 방학기간을 맞이하여 여유로워진 시간 속에서 즐거움과 휴식을 느낄 수 있도록 돕는 '자유를 향한 여행', 9월은 다시 시작되는 유치원과 학교생활에서 친구 관계를 더욱 친밀하게 해 주는 '함께해서 즐거워', 10월은 친구관계에 깊이를 더 할 수 있도록 격려하는 '마음을 나누어요', 11월은 유·아동, 청소년이 가정이나 학교에서 경험할 수 있는 실제적이고 구체적인 갈등 상황을 통해 문제를 해결할 수 있도록 돕는 '상황 표현하기', 12월은 1년을 돌아보고 자신의 변화와 성장을 느낄 수 있도록 격려하는 '마무리'로 구성하였다.

각 프로그램은 기존에 여러 책이나 연구에서 소개되었던 기법이나 소재의 틀을 벗어나 독창적인 방법을 이용하여 유·아동, 청소년이 미술치료 프로그램에 창의적인 방법으로 접근하도록 유도하였으며 그들의 환경에서 접할 수 있는 실질적이고 구체적인 상황과 환경 제시를 통해 유·아동, 청소년들이 집단 프로그램 속에서 사회적 갈등을 경험하고, 그 갈등을 해결하는 과정을 통해 사회적 기술을 습득할 수 있도록 유도하였다. 또 각 프로그램 후에 유·아동, 청소년에게

프로그램 활동을 통해 얻은 해결책과 사회적 기술 습득 등을 가정이나 학교 현장
에서 다시 한 번 실습할 수 있도록 '다시 한 번 해봐요'라는 활동으로 프로그램
의 연속성을 제시하고 있다.

이 책이 상담과 교육 현장에서 유·아동, 청소년을 접하는 많은 치료사들과 선
생님들에게 유용하게 활용될 수 있기를 바라며 또 가정이나 다른 상담영역에서
도 충분히 활용할 수 있는 가치가 있었으면 한다.

끝으로 이 책의 프로그램들을 실제로 아이들에게 함께 적용해 보고 아낌없는
조언과 도움을 주신 부산인지학습증진센터의 류미련 선생님, 강수현 선생님, 그
리고 이 책의 출판을 기꺼이 승낙해 주신 김진환 사장님, 교정과 편집을 위해 수
고해 주신 이세희 차장님에게 진심으로 감사드린다.

2010년 8월
저자 일동

차 례

PART 2 실제편

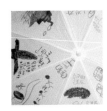

PART 1

이론편

01 창의성

현대는 우리가 예측할 수 없을 정도로 너무나 빠르게 변화하고 있다. 새롭게 개발되어 나온 아이디어와 상품들이 하루가 다르게 변형되고 또 다른 것으로 재창조된다. 비단 상품뿐 아니라 매체, 사상, 아이디어, 교육 등 모든 분야에서의 변화는 사람들로 하여금 빠른 변화와 새로운 환경에 적절하게 반응하는 주체가 되도록 요구한다. 이러한 변화의 소용돌이 속에서 다수의 정보를 적절히 활용하고, 주어진 과제를 창의적으로 해결하며, 독창적이고 유용한 가치를 생산해 낼 수 있는 창의성은 인간이 현대 사회뿐 아니라 미래 사회를 살아가기 위해 반드시 배양해야 하는 요소다(송연자, 이윤옥, 2004).

이처럼 빠르게 변화하는 지구촌의 무한 경쟁 시대에 아이디어와 정보의 경쟁은 국가가 살아남기 위한 생존 전략으로서 국가 간에 보이지 않는 전쟁 상황으로도 표현할 수 있을 정도다. 현재의 첨단 기술로 알고 있는 지식의 약 80%가 5년 정도만 지나면 쓸모없어지게 되어 전통적인 교육방법으로는 엄청나게 증가하는 지식의 모든 것을 가르칠 수 없는 것이 우리가 당면하고 있는 교육의 현실이다(정황순, 2000).

최근 학교 교육의 경직성과 타성에 대한 비판이 높아지고 열린 교육의 장점이 부각되면서 학습자의 독특한 능력과 적성 또는 창의력을 신장시키는 교육을 활성화해야 한다는 주장이 제기되어 학교교육의 궁극적 목적인 전인적인 인간을 육성하는 데 있어 지능뿐 아니라 창의성, 정서지능, 다중지능 등을 조화롭게 발달시켜야 할 필요성이 대두되고 있다(정황순, 2000).

자신이 당면한 여러 가지 문제들을 유창하고 빠르게 독창적으로 해결하는 능력이 요구되는 현대 사회에서 창의성의 중요성은 점차 강조되고 있다. 따라서 전인적인 교육목표를 달성하기 위해서는 학교의 교과 교육과정 중에 창의성을 증진시킬 수 있는 프로그램의 실시가 요구된다. 창의성을 증진시킬 수 있는 프로그램들 중 자아탐색, 심리적 이완, 사회적 기술 향상의 목표를 동시에 경험할 수 있는 미술치료는 여러모로 유용한 접근이 될 수 있기에 창의성 증진을 위해 창의성과 미술치료와의 관계에 대해 살펴보고자 한다.

1. 창의성의 정의

20세기 이전에는 창의성을 소수인만 갖는 선천적인 특수능력으로 간주하다가, 1920년대에 들어서야 Gestalt학파가 창의적 사고를 연구하면서 '재구성(reconstruction)'이란 개념을 창의적 문제해결의 기본으로 중시하였다(이봉순, 2006). 창의성은 Plato에서 Rousseau, Spencer, Dewey에 이르기까지 인간의 지적 특성으로 이해되어 오면서 1950년대 Guilford가 미국의 심리학회에서 창의성의 중요성에 대해 연설한 것을 계기로 연구가 활발해지기 시작했다.

Guilford(1952)는 창의성을 수렴적 사고와 확산적 사고로 개념화할 수 있다고 하였다. 수렴적 사고란 주어진 자료로부터 논리적인 결론을 유발시키는 것으로 유일한 해답을 얻는 것 또는 관계적으로 가장 좋은 결과에 이르게 하는 사고방식이며, 확산적 사고란 문제에 대한 무제한적 반응을 찾는 자유분방한 사고로서 특정한 반응에 얽매이지 않고 새로운 것을 널리 탐구하는 독창적인 사고 유형이라 할 수 있으며 이것이 창의적인 문제해결 및 발명을 가능케 하는 주요한 사고라고 하였다.

Thurstone(1962)은 창의성에는 필연적으로 새로움이라는 개념이 내포되어 있고 이는 평범 이상의 발명이나 천재적 사고만을 일컫는 것이 아니라 개인의 자기

실현, 자기표현의 욕구에서 비롯한 상상적 활동이라고 하였다. 반면에 Osborn(1963)은 창의성은 인간 모두가 지니는 보편적인 능력이며 인간은 누구나 그 양에 있어서 다소의 차이는 있지만 창의적 능력을 보유하고 있다고 하였다. 이 정의에 의하면 창의성은 일상생활에서 당면하는 제반의 문젯거리를 개인 나름의 새롭고 유용한 방법으로 해결해 나가는 방법을 의미한다.

국내에서는 조성연(1990)이 Thurstone과 Osborn의 이론을 종합해서 창의성이란 어떤 사태에 직면했을 때 새로운 통찰과 사고를 산출하는 과정을 거쳐 기존의 것과는 다른 아이디어나 형태, 관계양식 및 해결방법을 산출해내는 것으로서 모든 사람이 공통적으로 가지는 특성이라고 했다. 박아청(1992)은 창의성은 평범한 것 이상의 놀랄 만한 새로운 발명이나 생산적 사고와 착상 및 독창적인 사고 등을 포함하고 있다고 했다. 그러므로 고차원적인 사고 능력만을 의미하는 것이 아니라 일상생활에서 당면하는 여러 사태나 문제를 새롭고 특유한 방식으로 해결해 가는 활동이라는 것이다(정황순, 2000).

이와 같이 창의성에 대한 개념 정의가 다양한 것은 창의성을 보는 관점이 다르기 때문이다. 심리학에서는 창의성에 대한 정의로서 크게 세 가지 관점을 보여주고 있다.

1) 인지 능력적 관점

창의성을 주로 지능의 측면에서 파악하여 지적 능력의 한 특성으로 간주함으로써 창의적 사고를 강조하는 입장으로 Guilford가 대표적이다. 지적 구조 모형을 제시한 Guilford는 확산적 사고가 창의성의 사고 기능일 것이라고 생각하여 창의성에 대한 새로운 연구를 하였다(정황순, 2000). 그는 지능과 확산적 사고의 관련성에 대해 높은 지능 수준이 창의성의 충분조건은 아니지만 필요조건이라고 하였다. 창의성을 지적 특성으로 본다고 하더라도 어떤 개인이 지적인 특성을 가지고 있다고 그것으로 그의 창의성을 예언할 수 있는 것이 아니며 이러한 지적 특성은 각 개인이 가지고 있는 동기 및 기질적 특성과 결합될 때 창의성으로 발휘할 수 있을 것이라는 것이 이 입장에 속하는 학자들의 공통된 주장이다(김연옥, 2006).

2) 과정적 관점

문제 해결 과정론의 입장은 어떤 결과에 이르게 하는 창의적 문제 해결 과정에 초점을 맞추면서 방법론적인 측면을 강조하고 있다.

Wallas(1926)는 창의적 사고의 단계를 문제를 지각하고 이해하는 준비기 (preparation), 문제해결의 의욕을 가졌지만 그러한 느낌이나 필요를 의식화하기 전단계인 부화기(incubation), 아이디어가 떠오르는 조명기(illurnination), 해결 안으로서의 아이디어를 검증하고 정리하는 검증기(verification)의 4단계로 나누 어 설명하면서 문제를 해결하는 과정에서의 창의적 사고에 초점을 주고 있다(정 황순, 2000; 최미현, 2003).

Osborn(1963)은 Parnes와 함께 창의적 과정을 사실 발견, 문제 발견, 아이디 어 발견, 해결안 발견, 수용 발견의 5단계 모형으로 확장하였는데 이는 인간 사 고의 논리적, 분석적, 비판적 측면과 함께 직관적, 종합적, 수용적 측면을 통합 하려는 시도다.

이와 같이 창의성은 문제해결을 위한 요소로 사고의 유연성을 발휘하고 사고 중에서도 최상위계의 사고로 여러 방향으로 탐색하거나 다양성을 찾는 등 다수 의 반응을 유도한다. 때로는 시행착오도 겪게 되는데 문제 상황에 직면하면 기본 적인 지식, 정보, 아이디어를 찾아 해결에 도달한다.

결국, 창의성은 하나의 과정으로 몇 개의 단계들이 포함되지만 이들 단계들은 고립하여 작용하는 것이 아니라 서로 작용하고 서로를 촉진한다(최미현, 2003).

3) 정의적 관점

창의성을 성격, 동기, 욕구의 일부분 또는 태도로 설명하려는 관점으로 Freud 로 대표되는 정신분석학파와 Maslow로 대표되는 자아 심리학파에 의해 연구되 는 방법으로 창의적 성취와 자아실현에 초점을 두고 있다. Freud(1959)는 창의성 을 무의식의 과정으로 설명하며 갈등 또는 억압된 정서의 누적을 해소하는 과정 에서 나타나는 공상 같은 창의적 상상을 창의성으로 보았다. 또 Maslow(1976)는 인간 욕구 5단계 중 마지막 단계인 자아실현은 창의성과 중요한 연관이 있다고 설명하면서 창의성은 자아실현의 정도에 달려 있다고 설명하였다. Rogers(1959)

는 창의성에 대한 동기는 자기실현의 시도로부터 시작되며 모든 경험에 대해 개
방을 하며 자신이 유기체임을 신뢰하고 결정이나 행동에 자발적이며 자기를 둘
러싼 풍요로운 삶의 작용에 대응하여 변화하고 성장하며 발달한다고 하였다(최
미현, 2003).

한편, 창의적인 사람들이 나타내는 구체적인 성격 특성을 강조하여 창의력을
설명하는 학자들도 있다. Torrance(1962)는 창의성이 성격적 요인으로 변화에
대한 개방성, 사고와 판단에서의 독창성, 자신의 일에 대한 몰두와 집념, 민감
성, 산물을 당연한 것으로 받아들이지 않음, 낙관적인 태도, 모험심을 제시했다.
Williams(1980)는 창의적인 사람의 성격인 특성으로 용기, 호기심, 자발성, 사물
을 당연한 것으로 받아들이지 않음, 낙관적인 태도, 모험심을 제시했다.

Mackinnon(1978)은 독자성, 경험에 대한 개방성, 직관적이며 심미적인 민감
성, 활동적이고 지속적인 근면성과 자발성을 들었고, Barron(1988)은 문제 해결
에서의 자발성과 도전성, 독립적인 판단력, 문제에 대한 민감성, 호기심, 근면
성, 개방성, 무질서를 수용하는 태도 등을 창의적인 사람의 성격 특성으로 간주
하고 있다(이경화, 2002).

4) 통합적인 견해

창의성에 대한 최근의 연구 경향들을 살펴보면, 이전 연구들을 부분적으로 통
합하면서 창의성이 발현되기 위해서는 많은 요인들이 통합적으로 관여해야 한
다고 가정하는 통합적 내지 종합적 접근에 관심을 불러일으키고 있다.

창의성이란 인간 고등정신의 기능으로 기존의 것에 대한 지식이나 경험을 토
대로 새롭고 독창적인 아이디어를 창출해 내고, 어떤 문제 상황 하에서도 새롭고
독특한 해결방법을 제시할 수 있는 능력을 의미하기 때문에 지적인 특성과 인지
적인 특성이 포함되어 있다고 본다. 따라서 이러한 창의성은 후천적인 교육이나
환경을 통해 개발시킬 수 있다고 간주한다(김연옥, 2006).

Williams(1980)는 창의성 증진을 위한 교수 프로그램에서 창의성의 개념에 인
지적 능력(유창성, 융통성, 독자성, 정교성)과 정의적 특성(용기, 호기심, 자발성, 직
관적인 태도와 민감성)을 결합하였고, Humphrey(1962)도 창의성 교육에 있어서
인지적, 정의적인 학습은 분리될 수 없고, 학습자 내부에서 동시에 일어난다고

주장함으로써 창의적인 사고와 정의적인 특성 모두를 강조하고 있다.

한편, Urban(1995)은 Amabile의 내적 동기유발 이론과 Sternberg의 삼차원 모델을 기초로 창의성을 네 가지 요소, 즉 산출물을 만들어 내는 과정, 창의성을 나타내는 산출물, 창의적인 사람의 성격, 창의성을 촉발하는 환경 그리고 해결되어야 할 문제로 설명하고 있다(이경화, 2002). 이처럼 창의성은 개인의 인지적, 정의적 특성만이 아니라 그 외적인 요인도 결부시켜 좀 더 포괄적인 개념으로 확장되고 있다. 결국, 창의성이란 새롭고 가치 있는 유용한 것으로 만들어 내는 능력으로 개인의 인지적 능력(창의적 능력)과 정의적 특성(창의적 성격)이 환경 및 과제와 상호작용을 통하여 발달되고 결정된다는 통합적 관점으로 수용할 수 있다(이봉순, 2006).

2. 창의성의 구성요인

창의성의 정의가 다양한 만큼 창의성의 구성요인에 대한 견해도 다양하다.

창의성을 연구하는 많은 학자들은 창의적인 사고에서 요구되는 기능은 전반적인 사고과정에서 요구되는 것과 크게 다르지 않다고 보며, 창의적 사고를 할 수 있게 해 주는 민감성, 다양성, 유창성, 융통성, 독창성, 정교성, 상상력 등과 같은 능력적인 측면의 기초를 들고 있다. 그리고 창의적 성격에 Rimm(1976)은 독립성, 호기심, 지구력, 융통성 및 흥미를 포함시켰으며, Renzulli와 Hartman(1971)은 호기심, 독창성, 모험심, 위험감수, 상상력, 유머, 심미안 등을 포함시켰다. 그 외에도 과제 집착력과 상상력 등을 창의적 성격요인으로 생각할 수 있다.

Guilford는 지적 구조 모형을 제시하면서 확산적 사고의 하위 기능으로 문제에 대한 민감성, 사고의 유창성, 사고의 융통성, 독창성, 재정의, 정교성을 들고 있다.

창의성을 사고의 능력으로 간주하는 Guilford(1952)와 Torrance(1965), 그리고 성격 특성으로 간주하는 Rogers(1962), Amabile(1983)의 이론을 종합하면 일반적으로 창의성의 하위 구성요소를 크게 창의적 사고 기능(인지적 능력)과 창의적 성향(정의적 특성)으로 구분하여 살펴볼 수 있다(이경화, 2004; 이봉순, 2006; 정황순, 2000).

1) 창의적 사고 기능

창의적인 사고 과정에서 개인이 경험하는 의식은 개인에 따라, 그리고 사고 과제의 성격에 따라 달라질 수 있는데 창의적 사고 기능과 관련된 연구들을 살펴보면 학자들마다 창의적 사고 기능의 구성요인들은 다르게 제시하고 있으나 공통요인으로 유창성, 융통성, 독창성, 정교성 등을 들 수 있다.

(1) 유창성(fluency)

유창성은 특정한 문제 상황에서 가능한 한 많은 양의 아이디어를 산출해 내는 양적인 사고 능력이다. 창의적 사고의 목적 또한 궁극적으로는 보다 독창적이며 지적으로 우수한 아이디어를 산출하려는 데 있다 하더라도 사고의 과정에서 우선은 사고의 한계를 설정하지 않고 아이디어를 가능한 한 많이 산출하는 단계를 거칠 필요가 있다.

창의적 사고의 궁극적인 목적이 보다 독창적이며 훌륭한 아이디어를 산출하는 데 있으므로 유창성이 높아 아이디어를 많이 내면 낼수록 독창적인 아이디어나 만족할 만한 해결책을 찾아낼 가능성이 높아진다.

이 요소와 관련된 학습경험은 어떤 대상이나 현상들로부터 가능한 한 많은 것을 연상해 보기, 특정한 주제에 대해 일단 떠오르는 생각을 모두 표현해 보기, 특정한 문제 상황에서 가능한 해결방안을 될 수 있는 대로 많이 제시해 보기 등이다.

(2) 융통성(flexibility)

융통성은 고정적인 사고방식이나 시각 자체를 변환시켜 다양한 해결책을 찾아내는 사고 기능이다. 즉, 융통성은 한 계열의 생각으로부터 다른 생각으로 변환시키는 능력이며 아울러 새롭고 다른 방법으로 감지하는 능력이다. 융통성은 문제해결력과 창의력에 있어서 폭넓은 형태로 아이디어를 적용시킬 수 있는 방법을 찾거나 새로운 종류의 아이디어를 찾을 수 있으며 또한 대안책을 강구하고 새로운 상황이나 아이디어를 찾도록 유도하는 사고력이고 문제를 해결하는 데 경직된 시각으로 사고하는 것을 막아준다. 즉, 고정적인 사고의 틀을 깨고 발상 자체를 전환시켜 유연하고 융통성 있게 생각하는 것은 정답이 정해져 있지 않은 실생활 장면의 복합적인 문제 상황에서 요구되는 것으로 유창한 사고뿐만 아니라 독창적인 사고의 관건이 된다.

이 요소와 관련된 학습경험은 서로 관계가 없는 듯한 사물이나 현상들 간의 관련성 찾기, 문제와 관련된 속성들을 추출하고 속성별 생각하기, 발상 자체를 전환시켜 다양한 관점을 적용시키기(발상의 전환) 등이 있다.

(3) 독창성(originality)

독창성은 기존의 것에서 탈피하여 참신하고 독특한 아이디어를 산출해 내는 사고 기능이다. 새롭고 독특하며 종전의 아이디어를 새로운 차원으로 조합하는 비상한 아이디어를 만드는 능력으로 일상, 관행, 상식으로부터 벗어나서 자기만의 고유함을 추구하는 능력이다. 창의적 사고의 이상적인 목표는 사고의 독창성을 추구하는 데 있다. 이러한 사고는 평소에 가능한 한 특이하고 새로운 방식으로 문제를 해결하려는 태도를 가질 때 가능하다. 독창성에서는 전에는 전혀 관계가 없는 것처럼 보이던 아이디어들 간에 관계를 형성하는 연합적인 과정으로 볼 수 있으며 아동들이 연습을 통해서 비상한 아이디어를 얻고자 하는 열망에 의해서 증진될 수 있다.

이 요소와 관련된 학습경험은 다른 사람과 같지 않은 생각하기, 기존의 생각이나 사물을 부정하고 생각하기, 기존의 생각이나 사물을 새로운 상황에 적용하여 재조직하기 등이다.

(4) 정교성(elaboration)

정교성은 다듬어지지 않은 기존의 아이디어를 보다 치밀한 것으로 발전시키려는 사고 기능이다. 그것은 자세하게 무엇인가를 덧붙이고 빈 공간을 메우고, 관련 있는 아이디어를 그룹화하고 확장하는 능력과도 통한다. 즉, 창의적인 문제해결의 과정에서 가능한 한 다양한 측면에서 이미 산출된 많은 아이디어를 재료로 해서 독창적인 아이디어를 뽑아내고 이 아이디어를 최종적인 산출의 형태에 비추어 평가하고 정교하게 다듬는 사고가 필요하다.

이 요소와 관련된 학습 경험은 일단 산출된 자신의 혹은 타인의 아이디어를 수용하기, 은연중에 떠오르는 거친 수준의 생각 구체화하기, 잘 다듬어지지 않은 아이디어를 그것의 실제적 가치를 고려하여 발전시키기 등이 있다.

2) 창의적 사고 성향

창의적 사고 성향은 창의적 사고 기능이 최종적으로 인간의 성취를 위해 작용하는 과정에서 개인에게 요구되는 내적인 동기나 태도 등이다.

창의적 사람들의 성격특성에 관한 연구에서 비교적 빈도가 높게 나타났던 창의적 사고 성향의 구성요인들은 다음과 같다.

(1) 민감성(sensitivity)

주변의 환경에 대해 민감한 관심을 보이고 이를 통해 새로운 탐색 영역을 넓히려는 특성이다.

이 요소와 관련된 학습경험으로는 자명한 듯한 현상에서도 문제를 생각해 보기, 주변의 사물에 대한 관찰 결과를 서로 발표해 보기, 이상한 것을 친밀한 것으로 생각해 보기, 애매한 상황 속에서 숨어 있는 사물 찾기 등이 있다.

(2) 자발성(spontaneity)

문제 상황에 적극적으로 대처하고, 타인의 요구나 강요에 의하지 않고 자신의 내적 동기에 의해 필요한 아이디어를 산출하려는 성향이나 태도를 말한다.

이 요소와 관련된 학습 경험은 주위의 문제를 자신의 문제로 인지하기, 하기 싫은 것을 먼저 하기, 칭찬이나 상과 같은 외적인 보상 없이 스스로 문제를 해결하기, 생활 속에서 적극적인 태도 갖기, 취미와 흥미를 문제 상황과 일치시키기, 새로움의 추구를 인생의 목표로 설정하기, 미래 지향적인 태도 갖기 등이 있다.

(3) 독자성(individuality)

독자성은 자신이 생각해 낸 아이디어의 가치를 인장(印章)하고 다른 사람들의 평가에 구애받지 않으려는 성향이나 태도를 말한다.

이 요소와 관련된 학습경험은 다른 사람들로부터 부정적 평가를 받은 아이디어라도 이를 계속 발전시키기, 아이디어의 산출 과정에서 의식적으로 다른 사람의 아이디어와 다른 것을 내놓기, 문제 상황에서 사회의 일반적인 통념을 의식적으로 벗어나서 생각하기 등이 있다.

(4) 근면성(industry)

근면성은 문제를 해결하기 위해 가능한 한 다양한 정보를 수집하고 그 문제가 해결될 때까지 끈기 있고 지속적으로 탐색해 나가는 성향을 말한다.

이 요소와 관련된 학습 경험은 문제의 해결이 영감에 의해서만이 아니라 노력에 의해서도 가능하다는 믿음을 갖기, 문제 상황에서 문제와 관련된 정보를 가능한 한 많이 수집하기, 어렵거나 지루한 문제라도 끈질긴 열정을 가지고 끝까지 해결해 보기 등이 있다.

(5) 호기심(curiosity)

호기심이란 항상 생동감 있게 주변의 사물에 대해 의문을 갖고 끊임없는 질문을 제기하려는 성향을 말한다.

이 요소와 관련된 학습 경험은 주변의 사물이나 사태에 대해서 의식적으로 의문을 제기하기, 어떤 사물이나 현상의 이면에 대해서 궁금증 가지기 등이 있다.

(6) 변화에 대한 개방성(openness)

개방성이란 이 세상은 변화하고 있으며 내 자신이 이 변화의 주체가 되어야 한다는 자발적인 태도를 말한다.

이 요소와 관련된 학습 경험은 이 세상은 지금과는 다른 모습으로 변화할 것임을 받아들이기, 혁신적인 생각을 수용함으로써 생길 수 있는 불편함이나 두려움으로부터 벗어나기, 기존의 생활 방식을 고수하지 않고 새롭게 변화시키기, 다른 사람으로부터의 비판을 겸허하게 받아들이기 등이 있다.

3. 창의성과 다중지능

최근 들어 지능의 기존 개념에 대한 비판과 함께 지능이 학교 밖 사회생활에서 성공을 예언하는 예언력이 20%에 불과하다는 것과 관련하여 창의성과 지능의 관계를 파악하고자 하는 관심이 증대되었다.

인간이 가진 모든 능력은 뇌에서 나온다. 뇌를 통하지 않고는 우리는 어떤 능력도 발휘할 수 없다고 해도 과언은 아니다.

뇌와 관련하여 Urban(1995)은 창의성을 개방성과 애매모호함에 대한 참을성, 확산적 사고와 활동, 일반적 영역과 구체적 영역에서의 지식과 기능기반, 초점 맞추기와 과제 집착력, 동기 등의 다차원적 요소의 상호작용 결과물로 설명하였다. 즉, 창의성을 이해하기 위해 단일 학문적으로 접근하거나 창의성의 본질을 개인의 과정으로 보던 종래의 관점에서, 창의성을 여러 전문분야에 걸친 다학문적, 다원적 접근인 '개인-사회-문화 간의 다차원적인 요소들의 상호작용 산물'임을 강조하는 새로운 관점들이 대두되었다(송연자, 이윤옥, 2004).

1981년 미국의 노벨 의학상 수상자인 Roger Perry가 발표한 좌·우뇌 이론이 다중이론을 뒷받침하는 데 큰 역할을 하게 되었다(문용린, 2008).

대뇌는 왼쪽 뇌와 오른쪽 뇌로 나뉘어 있는데 각각 반대편에 있는 몸의 지각과 운동을 담당하고 있다. 뇌출혈이나 사고 등으로 한쪽 뇌를 다쳤을 때, 그 반대쪽 몸에 이상이 나타나는 것이 그 증거다. 왼쪽 뇌는 언어 뇌라고 하며 언어 중추가 있다. 따라서 왼쪽 뇌가 발달하면 분석적이고 논리적이며 합리적으로 사고하는 능력이 뛰어나게 된다. 오른쪽 뇌는 이미지 뇌라고 하는데 그림이나 음악활동, 스포츠 등 감각적이고 직관적인 분야를 담당하고 있다. 지난 100년 가까이 이어져 온 IQ 검사는 주로 언어 및 수리와 관련된 두뇌의 기능을 측정한 것으로 좌·우뇌 이론에 비추어 볼 때 왼쪽 뇌의 능력만 중점적으로 측정했음을 알 수 있다.

지능과 창의성 반응들의 유형들은 지난 반세기 동안 다양한 관점으로 심리학자들의 관심을 받아 왔다. 창의성과 지능 간의 주장 중 현재 가장 널리 보급된 관점은 창의성이란 정신 기능에 있어서 하나의 뚜렷한 범주로서, 지능을 포함하여 다른 여타의 정신 기능적 특성들과 어느 정도의 제한적인 관계를 갖는다는 것이다(Haensly & Reynolds, 1989). 즉, 창의성과 지능은 부분적으로 일치하며 가족배경, 역할모형, 교육, 성격, 동기 등의 요소들과 함께 발현된다.

Haper(1983)는 지능보다는 목표 지향적인 행동이 창의적인 산출을 만들어 낸다고 보아 창의성이 지능과의 단순한 상관의 여부를 떠나 동기적인 요인의 중요성을 부가시켰다. 또한 Gardner는 음악 천재들이 재능을 나타냈다고 해서 항상 성공(창조)하는 것이 아니고 그들의 가능성에 동기, 성격특성 등이 일반적으로 중요한 요소라고 했다. 또 창의적 과학자들은 뇌의 좌반구와 우반구의 특수화된 활동을 효과적인 방식으로 통합한다고 하였다(이정식, 2004).

Gardner의 다중지능이론에 의하면, 무지개가 7가지 색으로 구성된 것처럼,

인간의 소질과 능력의 본산인 잠재능력은 8가지 모습, 즉 신체·운동지능, 개인이해지능, 논리·수학지능, 대인관계지능, 언어지능, 음악지능, 공간지능, 자연탐구지능으로 존재한다. 이 8가지 다중지능들은 각각 특정 두뇌 부위와 깊은 관련이 있다고 한다. 따라서 다중지능이론을 바탕으로 자신의 잠재능력을 발견하고 발전시키는 것은 결국 두뇌의 잠재력을 일깨우고 더욱 발전시키는 노력과 일치하는 것이다. 특히 다중지능이론은 창의성이나 리더십 등 인간 속에 잠재된 고유한 능력에 대한 접근의 패러다임을 획기적으로 변혁시키고 있다(문용린, 2008).

조선옥(1999), 최정민(2000), 전선재(2003)는 초등학생을 대상으로 창의성과 다중지능 간의 연구에서 다중지능의 수준(상, 하)은 창의성의 하위요소(유창성, 융통성, 독창성, 정교성)와 유의한 영향을 미치는 것으로 나타났다.

정황순(2000)은 창의성 계발 프로그램과 창의성, 다중지능, 정서지능과의 관계에서 창의성 계발 프로그램을 실시한 실험집단과 통제집단 간에 다중지능 향상에 대한 유의한 차는 없었으나, 실험집단 아동의 다중지능 상·하 중에서 하집단의 다중지능이 향상되었음을 보고하고 있다.

또, 민천기(2003)는 다중지능이론에 기초한 교수-학습활동이 아동의 창의성에 미치는 효과에서 다중지능을 적용한 실험집단이 전통학습을 한 비교집단보다 창의성의 하위요소인 유창성, 유연성, 독창성, 정교성 등을 신장시키는 데 효과가 있다고 보고하고 있다. 이길호(2002)는 중학생의 다중지능과 창의성 및 학업성취도의 관계에서 다중지능의 거의 모든 영역에서 상위집단일수록 창의성도 높게 나타났으며 이러한 연구결과는 지능의 개념에 창의성을 포함시켜 창의성이 한 영역에서 개인지능과 결합하여 발휘한다는 Gardner의 주장과 일치하고, 다중지능의 영역별 강화활동이 창의성 향상에도 효과가 있음을 시사하고 있다.

이봉순(2006)은 유아의 지능과 창의성 간의 관계에서 다중지능의 8가지 영역이 창의성의 하위요소인 유창성, 독창성, 정교성, 추상성, 개방성과 창의적 관점(정서적 표현, 이야기의 명료성, 독특한 시각화, 경계의 확대 또는 파괴, 유머, 제목의 표현성 등)과 정적 상관이 있음을 보고하고 있다.

이와 같이 다중지능과 창의성에 관한 연구들은 통계적으로 창의성과 다중지능이 긍정적 관계가 있음을 시사하고 있다.

창의성은 새로운 문제 사태에서 새롭게 적절한 것을 만들어 내거나 해결할 수 있는 가능성을 이루어 내는 과정이며 인간의 동기, 태도, 능력이 지속적으로 통합되는 과정의 총체물이다. 창의성 연구에 있어서의 이러한 통합적 접근이란, 창의성은 '인지적, 인성적 요인과 같은 개인 내적 측면' '상황·환경적인 외적 요소' 및 '관련된 영역의 지식·경험활동' 등에 모두 영향을 받는 다차원적 현상이므로 이와 같은 여러 요인들의 상호작용 속에서 제대로 발휘될 수 있다는 점에서 출발한다. 즉, 창의적 사고는 우뇌의 기능만을 집중적으로 자극함으로써 길러지는 것이 아니라 좌·우뇌의 기능을 통합적으로 자극함으로써 개발될 수 있다(송연자, 이윤옥, 2004).

4. 창의성과 미술치료

유·아동, 청소년의 미술활동은 하나의 관찰 가능한 활동이기에 그림을 통해서 유·아동, 청소년을 이해할 수 있고, 유·아동, 청소년이 미술을 통해 생각하고, 느끼고, 경험하게 함으로써 그들 자신을 표현하게 하여 화면구도, 색상, 이미지 등을 통해 그들의 의식을 관찰할 수 있다. 거부반응 없이 종이에 그려내는 회화적 표현은 심리적 내면을 볼 수 있는 좋은 방법이라 할 수 있다. 따라서 미술활동의 참다운 목적은 미술재료를 활용하여 그 자체를 즐기면서 자신의 감정을 자연스럽게 표현하고 객관화된 입장에서 자신의 모습을 이해하며 수용하고 나아가 이를 새로운 삶에 연결시키도록 도와주는 데 있다(김연옥, 2006).

그림은 자신의 생각과 감정을 표현하는 수단의 일종이지만, 나이가 어린 아동일수록 문자를 대신하는 표현수단이라고 할 만큼 중요한 비중을 차지한다. 유·아동, 청소년은 본 것이나 아는 것만을 그리는 것이 아니라 느끼는 것도 그린다. 유·아동, 청소년이 그린 그림은 그들의 사고와 느낌, 공포와 욕구, 희망과 좌절, 충동 등 내적 세계를 투영한다. 즉, 유·아동, 청소년은 감정이나 지각을 미술활동을 통하여 자신의 언어능력 이상으로 표현할 수 있다. 또 미술활동을 하는 동안 무엇을 만들 것인가, 재료와 도구를 어떻게 이용할 것인가 등을 결정하고 도전해 보고 문제에 부딪혀 해결하는 과정에서 남과 다르게 새롭고 독특한 사고를 해봄으로써 창의적인 사고를 기를 수 있다. 미술작업의 의식적, 계획적인 작업은 유·아동, 청소년에게 표현의 자신감을 갖게 하고 거기서 과거의 경험을 넘어서는 힘과 현실에 맞부딪치는 힘이 창조력이라는 형태로 바뀌어 가게 된다(고윤정, 2004).

미술작업 과정에서 유·아동, 청소년은 자르고, 붙이고, 만들고, 주무르고, 그리기를 하며 근육운동의 발달뿐 아니라 사고력, 추리력, 문제해결력, 창의력 등이 발달된다(김연옥, 2006).

아동미술과 창의성의 관계에서 Rubin은 아동미술에서 나타나는 창의성을 자유와 질서 그리고 통제에 대한 개념으로 설명하였다. 창의성의 과정은 역할에 있어 융통성 있는 양자택일을 요구한다. Barron은 창의성 과정에 있어 더 큰 자유를 얻기 위해 자제할 줄 알고, 더 많은 융통성을 갖기 위한 습관을 가져야 하며, 질서를 실현시키기 위해 무질서를 허용할 수 있어야 하고, 통합을 위해 혼란을 받아들이기도 하며, 때로는 혼란을 불러들일 수도 있어야 한다고 하였다(홍자현, 2001).

미술치료에서 매체로 사용되는 미술은 창의성과 깊은 관계를 갖고 있다. 미술은 유·아동, 청소년이 느끼고 생각하는 방식을 새롭게 변화시켜 줄 뿐 아니라 새로운 질서를 창조하게 해 준다. 미술이 가지는 특성에 있어 창조에 관한 원칙은 인간정신의 특유한 것으로 없는 것에서 있는 것, 보이지 않는 것에서 보이는 것, 불확실한 것에서 명백한 것으로 만들려는 인간이 갖는 기본적인 충동에 의지한다. 이것은 유·아동, 청소년들에게 기호나 신비의 공상을 창조해 준다. 유·아동, 청소년에 있어 창의성은 개개인의 기질이나 성품에 따라서 다른 타입으로 나타나며 미술의 경우 하나의 독창성을 부여해 준다. 미술에 있어 창조는 사상의 기능이며 시대나 개인에 따라 다른 가변성을 지닌 주관적인 것이다(김연옥, 2006).

미술과 창의성의 관계의 중요성을 개념적으로 정착시킨 Lowenfeld는 미술교육을 강조하면서 미술을 아동에게 교육함에 있어 가장 중요한 것은 미술에 의해 창의성을 계발시키는 것이라고 하였다. 그는 미술을 통한 창조활동, 바로 그 자체가 보다 나은 행동을 위한 새로운 통찰력과 지식을 제공해 줄 수 있으며, 창조를 위한 가장 좋은 준비는 창조행위 그 자체로 보았다. 이러한 창의적인 미술활동의 기본 요소 중의 하나는 유·아동, 청소년과 주위 환경과의 관계인데 유·아동, 청소년이 색칠하고 만드는 모든 경험은 주위 환경과 동화하고 그것에 아동 자신을 투사하는 끊임없는 과정이기 때문이다(김연옥, 2006).

미술작업에서 창조의 과정은 자신의 내부에서뿐 아니라 또래와 협동 작업을 통해 쉽게 일어난다. 재료의 다양성, 편안하고 안정된 장소, 충분한 시간, 일관되고 명확성 있는 공간, 시간, 재료 등을 제시함으로써 얻어지는 질서와 심리적 위험으로부터의 안정성, 유·아동, 청소년의 생각과 작품에 대한 존중, 민감하고 조심스러운 관찰, 진지한 경청, 지지와 즐거움 등이 제공되는 미술치료 활동은 유·아동, 청소년의 창의성뿐 아니라 다중지능의 성장을 가져올 수 있다고 사료된다.

미술치료에서 유·아동, 청소년의 창의성을 향상시킬 수 있는 방법으로 Hurlock(1972)은 '창의성의 육성방안' 을 기초로 아동의 창의성을 기르기 위해서는 아동의 시간을 통제하지 말고 자유롭게 해야 하며, 사회 집단의 압력이나 어려움을 제거해 주어야 하며, 아동이 성취한 것에 용기와 칭찬을 주고 활동에서 풍부한 자료와 자극적인 환경을 제공해 주고, 지식습득의 기회로 근거를 제시해 주면 창의성 향상에 도움이 된다고 보고하고 있다.

미술치료와 관련한 창의성 발달 프로그램 연구에서 홍자현은 집단미술치료 프로그램이 통제집단에 비해 창의성이 더 많이 증가한 것으로 보고하고 있으며 이것은 초등학생을 대상으로 하는 창의성 신장을 위한 프로그램의 효과를 연구한 몇몇 연구들(남억우, 1969; 성경응, 1974; 이연영, 1998; 이인순, 1987; 최성희, 1998)의 결과와 일치함을 보고하고 있다.

황지희(2003)는 집단미술치료가 초등학교 아동의 창의성과 학습흥미에 미치는 효과에서 미술치료가 창의성에 효과가 있음을 보고하였다. 특히 프로그램의 회기별 질적 분석 결과 창의성의 하위척도인 융통성, 유창성, 개방성, 독창성 등에 효과가 있었다.

따라서 유·아동, 청소년은 미술활동을 통해 발상의 전환, 주제에 대해 떠오르는 생각 나누기, 문제 상황에서 가능한 모든 해결 방안 모색하기, 새로운 생각 창출하기, 상황이나 생각 재조직하기, 다른 사람의 의견을 받아들이기, 문제를 다르게 생각하기, 적극적인 태도, 탐색하기 등을 활용하면서 자유롭고 다양한 자기표현 및 잠재력 개발로 독창적이고 개방적인 창의성이 개발하게 되어 주어진 문제에 유창하고 융통성 있게 대처할 수 있는 능력을 형성하게 된다.

02 사회적 기술

인간은 타인과 사회적 관계를 맺으며 살아가는 존재이기에 유·아동, 청소년들은 성장하면서 일상생활에서 부모, 형제, 또래, 이웃, 교사 등과 다양한 사회적 관계를 맺으며 타인의 다양한 요구에 대처하며 생활하게 된다. 특히 또래관계는 유·아동, 청소년에게 매우 중요한 영향을 미치는데 긍정적 또래관계는 전 생애에 걸쳐 필요한 사회적 기술 습득과 적응 및 발달에 있어 매우 중요한 역할을 한다. 또한 이러한 또래관계는 부모-자녀관계와 같은 수직적 관계가 아닌 수평적 관계로서 또래집단 안에서 서로의 생각을 자유롭게 표현하고 갈등을 경험하며 해결해 나가는 평등한 상호작용을 한다(Hartup & Moore, 1990). 유·아동, 청소년은 또래와의 상호작용을 통하여 사회적 행동, 사회적 기술, 가치관과 태도, 지식 등을 배우기 때문에 학습기에 또래와의 사회적 상호작용은 아동의 성장에 중요한 영향을 미친다. 긍정적인 또래 접촉을 통해 언어, 성격, 사회성 발달 등 여러 영역에서의 적응적인 행동방식을 배울 수 있기 때문이다.

사회적 능력을 발달시키기 위해 선행되는 또래와의 상호작용이 잘 이루어지려면 상호작용의 기술적 측면이 뒤따라야 한다. 다양한 사회적 상황에서 유·아동, 청소년들은 각자 독특한 방식으로 행동하고 반응하게 되는데 이러한 행동과 반응은 모두 각자가 가지고 있는 사회적인 지식이 바탕이 되기 때문이다. 이렇게 다양한 사회적 상황에서 다른 사람과 상호작용을 하는 데서 생기는 여러 가지 사회적 상황, 인간 문제를 성공적으로 수용하는 능력이 사회적 기술이다.

다른 또래와 놀고 싶고, 놀이에 참여하려 할 때 적절한 아이디어를 갖고 있다 할지라도 실제 수행과정에서 요구되는 기술이 부족하다면 또래와의 상호작용에 어려움을 갖게 될 것이다. 서로 주고받는 대화가 아닌 일방적인 혼자 말하기를 계속하거나 대화 상대를 보지 않고 다른 곳을 바라보며 말하는 것과 같은 부적절한 기술이 나타난다면 또래와의 놀이나 활동을 지속하고 유지하는 것에 어려움을 겪게 된다. 따라서 사회적 의사소통 기술의 습득은 또래와의 상호작용을 증가시킬 뿐만 아니라 나누기 및 돕기를 통해 탈자기중심화를 촉진시키며 학습을 돕는다는 면에서 중요하다. 또한 사회적 기술은 또래집단이 유·아동, 청소년들의 사회적, 정서적 발달의 지지원이 되어 아동기 이후의 삶에 많은 영향을 미치기 때문에 매우 중요하다.

이처럼 유·아동, 청소년에게 또래관계가 정서적, 사회적으로 중요하지만 모든 아동이 또래관계를 원만하게 맺는 것은 아니며 또래에게 수용되는 정도에는 개인차가 있다.

학교적응이 우수한 아동은 사회적 기술 또한 우수한 것으로 나타났고(이정윤, 이경아, 2004), 사회적 기술이 발달한 아동은 학교생활에 잘 적응하고, 학업성취도가 높은 반면, 사회적 기술이 부족한 아동은 학업성취도가 낮은 것으로 나타났다(McClelland, Morrison & Holmes, 2000).

또래로부터 거부당하는 아동은 수업참여도가 낮고 학교생활을 좋아하지 않으며 학업성취도도 떨어진다(Ladd, 1992; Ladd, Birch, & Buhs, 1999). 이와 같은 또래거부의 결과가 외로움, 또래상호작용의 어려움, 학업실패로 이어진다.

연령에 적합한 사회적 기술들이 부족하여 또래관계 수립이 어렵고 또래들에게 거부당하는 유·아동, 청소년들은 또래관계를 통해 제공되는 많은 중요한 경험이 박탈되기 때문에 이후의 사회화 과정에서 문제를 갖게 된다.

사회적 기술이 부족한 아동들은 또래 집단에 참여하고 싶은 욕구는 강하나 또래들이 무시하고 집단에 참여하는 것을 거절하는 경향이 있고 사회적 기술이 부족한 아이들은 또래에게 관심을 끌고자 또래들이 귀찮아하는 행동을 반복적으로 하거나 자기중심적인 이기적인 표현을 많이 하는 등 부적절한 행동을 보이기도 한다.

소속 집단에서 또래와의 상호작용이 드물고, 또래로부터 수용 또는 선택되지 못하는 '사회적 고립 아동'은 점차적으로 대인관계에서 높은 수준의 불안을 경험하게 되며, 자신이 속한 집단에서 낮은 지위에 처하게 된다(Wanlass & Prinz, 1982). 이러한 사회적 고립 아동들은 후에 왕따 등의 집단따돌림의 대상이 되거나 또래와 주변 환경에 대한 공격성을 유발하고, 반사회적 행동특성의 동기가 되는 등 청소년기는 물론 성인기에 이르기까지 심리적인 부적응이 지속되어 사회 구성원으로서의 바람직한 성장을 저해한다(김춘해, 2003).

고립된 아동은 자기주장을 적절한 방법으로 표현하지 못하며 자신의 권리를 침해받으며 생활하고 자아존중감도 낮고 주변 사람들과의 적절한 관계를 유지하지 못한다. 이들은 긴장, 불안, 공포, 부끄러움 같은 비합리적인 감정이 있으며 사회 정서적 고립감을 심하게 느낀다(허승희, 1993).

이처럼 또래와의 긍정적인 관계 여부는 학교생활에서의 심리적 적응이나 학업수행의 성공을 결정하며 자기주장, 자아존중감에 영향을 미치는 중요한 변인이 될 수 있기에 이러한 요인에 영향을 미치는 사회적 기술은 매우 중요하다.

1. 사회적 기술의 정의

사회적 기술은 특성상 매우 복잡하여 수많은 정의가 공존하는데 사회적 기술을 정의하는 방식에 따라서 사회적 기술 훈련의 대상이 되는 기술과 훈련의 효과를 검증하는 평가방법이 달라질 수 있기 때문에 사회적 기술에 대한 정의는 매우 중요하다. 수많은 정의 중 많이 인용되는 사회적 기술에 관한 다양한 정의를 살펴보면 다음과 같다.

Mcfall(1982)은 사회적 기술이란 어떤 구체적인 요소를 수행해 나가는 과정상의 기술로 개인이 매일의 사회적인 상황에서 사용하는 전략이나 방략으로 친구를 사귀거나, 필요한 것을 요청하고, 타인의 사회적인 개입에 응하는 것이라 하였다.

사회적 기술은 대인관계에서 사용하는 학습된 행동(Kelly, 1972)이며, 자신의 권리, 요구 또는 의무를 수행할 수 있는 방식으로 타인과 의사소통을 할 수 있는 능력(Phillips, 1985), 개인이 사회적 적응을 잘 할 수 있도록 구체적인 사회적 과제와 긍정적인 발달적 결과를 성취하기 위해서 인지, 정서, 행동을 통합시키는 역량이다(Elias, 1992). 그리고 사회적 맥락에서 사회적 상호작용을 일으킬 수 있는 친사회적 행동 능력(Gresham & Cavell, 1996)이며, 문화나 지역, 상황에 따라 그 실질적인 의미가 달라지는 기술, 태도, 능력, 감정으로 구성된다(Elias, 1997).

Gresham과 Elliott(1984)은 사회적 기술을 다른 사람과 효과적으로 상호작용할 수 있게 하고, 사회적으로 비수용적인 반응을 피하게 하는, 사회적으로 수용적인 학습된 행동으로 정의하고 도와주기, 먼저 말 걸기, 도움 요청하기, 칭찬하기, '부탁합니다'와 '감사합니다'라고 말하기 등이라고 하였다(김수주, 2004 재인용).

사회적 기술에 관한 국내 연구자들의 정의를 살펴보면, 다른 사람과의 관계를 주도하고 우호적인 관계를 유지하며 타인의 지시에 따라 행동할 수 있고, 적절한 방법으로 필요한 것을 요구하는 것과 또래에게 수용되고 학급 생활에 성공적으로 적응할 수 있으며, 기본적인 상호작용하기, 대화 기술, 친구를 사귀는 기술과 사회적 환경에 효과적으로 대처하고 적응하는 것(권귀진, 2005)이라는 정의가 있다. 그리고 아동들이 자신이 속한 사회적 환경에서 만족스럽고 상호 호혜적인 관계를 주도하고 유지하려는 개인의 능력(최혜순, 2007), 친교, 지지, 온화함, 인정, 만족스러운 대인관계 형성에 필요한 기술로 한 개인이 주어진 환경과 상호작용하면서 균형과 조화를 유지하는 데 필요한 생활 적응적 요소를 포함하며 다른 사람과의 관계를 유지하는 데 필요한 기술에 관한 것으로 다른 사람과 물건을 교류하거나 의견을 나누는 등의 상호작용에 필요한 긍정적인 사회적 행동이나 기술이라 하였다(이미라, 2007).

사회적 기술은 일반적으로 동료관계에서의 유능성, 대인관계에서의 친밀성, 다양한 상황에서의 활동 전략을 계획하는 능력 및 타인 조망 능력 등이 포함되며(박을숙, 2008), 대인관련 사회적 기술과 학습관련 사회적 기술을 포괄하여, 한 학생이 자신이 긍정적, 부정적 감정들을 솔직하게 표현함으로써 의사소통을 원만히 하여 학교생활과 학업수행을 잘하고, 교사, 또래관계를 바람직하게 형성해 나갈 수 있는 행동기술이다(이경숙, 2009).

이와 같은 다양한 정의들을 종합해 보면 사회적 기술이란 자신이 속한 사회적 환경에서 다른 사람과 우호적인 관계를 유지하며 효과적으로 의사소통하고 상호작용할 수 있게 하는 개인의 친사회적 행동 능력이라고 할 수 있다.

2. 사회적 기술의 요소

사회적 기술의 정의가 학자마다 다양하듯 사회적 기술의 요소 역시 학자에 따라, 정의에 따라, 연구 목적에 따라 무척 다양하다. 사회적 기술의 하위 요소는 크게 대처기술과 사회적 문제해결의 두 가지로 나뉜다(유연수, 이양희, 2001 재인용, p. 54).

대처기술의 하위요소는 의사소통하기, 자기표현하기, 칭찬 주고받기, 대화 시작하기, 주장하기, 감정 표현하기, 공감하기, 권위자를 대하기, 책임 있는 의사 결정하기, 협상하기, 도움 청하기, 또래·친구관계 기술, 대처·생존기술이 있다.

그리고 사회적 문제해결의 하위 요소로 인사하기, 듣기, 질문하기와 질문에 대답하기, 대화에 끼어들기, 상호작용을 시작하기와 유지하기, 규칙 따르기, 도움 주고받기, 또래 압력과 괴롭힘에 저항하기, 부정적 피드백, 화 표현하기, 주장하기, 타협하기, 자기통제하기, 공감하기가 있다(곽정남, 2000).

Gresham과 Elliott(1990)은 사회적 기술을 측정할 수 있는 사회적 기술 평정 체계(Social skill Rating System: SSRS)에서 사회적 기술의 하위척도로 협동성, 자기주장성, 공감성, 자기통제를 설정하였다.

협동성(coperation)이란 남을 돕고 자료를 교환하고, 공유하며, 규칙이나 지시를 따르는 행동을 말하며 아동이 집단 활동에 잘 참여하고 자신의 일을 스스로 하고 다른 사람을 돕는 것을 의미한다.

자기주장성(assertiveness)은 다른 사람에게서 정보를 구하고, 자신을 소개하며, 또래로부터의 압력이나 모욕 등의 행동에 반응하는 등 자신이 먼저 주도적으로 하는 행동을 의미하는 것으로 또래에게 칭찬하거나 자신의 의견을 적절하게 표현하는 것을 나타낸다.

공감성(empathy)은 다른 사람이 가지고 있는 느낌과 관점에 대해서 관심과 존경을 보여 주는 행동이다. 자기통제(self-control)는 짓궂은 놀림에 적절히 반응하는 것과 같은 갈등상황에서 나타나는 행동이나, 타협과 같은 행동을 의미하고(정지현, 2008), 놀이에서 자신의 순서를 지키거나 갈등상황에서 적절하게 감정을 조절하는 것을 말한다(Gresham & Elliott, 1990).

Kelly(1982)는 아동들이 길러야 할 사회적 기술 요소로 인사하기, 사회적 행동주도하기, 질문하고 대답하기, 칭찬하기, 가까이 접근하기, 함께 참여하고 놀기, 협동하기 혹은 나누기, 정감적 반응의 여덟 가지 행동을 사회적 기술요소로 들고 있다(김진미, 2005).

Cooper와 Farran(1988)은 사회적 행동을 두 개의 하위요인, 즉 대인관련 사회적 기술(interpersonal skill)과 학습관련 사회적 기술(learning related social skills)로 구분하였다. 대인관련 기술은 또래들과 긍정적으로 상호작용하고 다른 아이들과 물건을 나누어 쓰거나 배려하는 행동이며, 학습관련 사회적 기술은 교사의 지시를 듣고 따르거나 집단활동에 적절하게 참여하고 과제를 끝까지 수행하는 행동을 포함한다. 학습관련 사회적 기술을 McClelland와 동료들(2000)은 집단활동에 잘 참여하고 또래들과 협동할 줄 아는 협력성, 자신의 의견을 적절하게 표현하는 주장성, 갈등상황에서 감정을 적절하게 조절하는 자기 통제, 과제나 활동을 할 때 집중하거나 도움을 청하지 않고 성공적으로 잘 완성하는 과제 수행 행동을 사회적 기술의 요소로 보았다.

3. 사회적 기술 훈련

1) 사회적 기술의 중요성

사회적 개념과 사회적 행동의 발달은 아동들이 다른 사람들과 어울리면서 그리고 사회적으로 다양한 환경들과 접촉해 보면서 이루어진다. 그러나 최근 아동들의 일상생활 패턴은 이러한 사회성 발달의 원천과는 거리가 먼 TV나 비디오 및 컴퓨터 등의 기계를 조작하고 혼자 즐기는 생활패턴으로 변화되고 있어, 대부분의 여가 시간을 사회적인 기술이 필요 없는 수동적인 상태에서 보낸다. 그러므로 요즘의 아동들은, 이전에는 일상생활 속에서 자연스럽게 형성되었던 이러한 사회적 개념과 행동들에 대한 학습기회가 거의 박탈된 상황에서 생활하고 있다. 따라서 외현적 지식은 많고 자기주장은 뚜렷하지만, 타인에 대한 감정이입능력의 부족으로 매우 자기중심적이다. 따라서 이러한 사회적 기술의 중요성에 대해 살펴보고 또한 사회성 기술이 부족할 경우 일어날 수 있는 일들에 대해 알아보고자 한다.

(1) 사회적 기술은 자아존중감에 밀접한 영향을 준다

사회적 기술 훈련 프로그램을 적용함으로써 또래 수용도 증진 및 또래 유능성에 긍정적인 영향을 준다는 연구 결과(윤승이, 2007; 이진경, 2007)와 사회적 기술 훈련 프로그램이 행동상의 긍정적인 변화(박소연, 2005)와 자기존중감 및 자아존중감을 향상시켜 준다는 결과(이현명, 2008; 이현숙 외, 2004; 김기영, 2003)가 보고되었다.

(2) 사회적 기술은 사회생활의 기본 원칙이다

공동체 생활에 있어서 가장 기본적인 생활 방식인 배려하는 마음이 구체적으로 표현되는 것이 바로 사회적 기술이다. 개인주의적 성향의 아이들이 사회적 기술 훈련을 잘 받지 않고 사회인으로 성장했을 때, 여러 가지 사회적 문제들을 일으킬 가능성이 있다. 남을 배려하는 태도와 기술은 하루아침에 이루어지는 것이 아니다.

(3) 사회적 기술은 사회적 능력의 중요한 부분이다

사회적 능력을 사회적 상호작용 측면 중 또래관계에 초점을 둔다면 사회적으로 능력이 있는 아동은 자신이 원하는 목표를 성취하는 데 필요한 기능을 가지게 되는 것이다. 아동에게 있어서 우정을 형성하고 유지하는 데 필요한 사회적 기술은 사회적 능력의 중요한 부분을 차지한다(Perry, 1987).

(4) 사회적 기술은 긍정적 상호작용을 위해 필요하다

사회적 관계에서 보다 긍정적인 상호작용을 하기 위해서는 사회적 기술의 습득이 요구된다. 특히 취학 전 아동들, 다른 또래와의 상호작용하는 기술이 부족하거나 적절한 사회적 행동을 인식하지 못하고 사회적 기술이 부족한 아동에게 더욱 절실히 필요하다.

(5) 사회적 기술은 중요한 발달과업이다

사회적 기술 훈련을 통하여 다른 사람에 대한 배려와 존중을 배워 나갈 수 있다. 사회적 기술이 높은 아동들은 다른 사람들과 성공적으로 상호작용하며 인기가 많고 삶에 더 만족한다. 또한 긍정적, 사회적 관계를 맺는 아동이 학교에서 더 성공하며 이런 긍정적인 결과는 자신을 가치 있는 존재로 인식하는 경향이 있기 때문에 사회적 기술의 발달은 중요한 발달과업이다(최혜순, 2007).

(6) 사회적 기술은 또래관계 및 학교 적응 능력과 깊은 관련이 있다

사회적 기술은 학교 적응 능력과 깊은 관련이 있다(McGinnis & Goidstein, 1990). 특히 친구를 사귀는 기술, 놀이를 시작하고 지속하는 기술, 갈등을 건설적으로 해결하는 사회 적응 기술은 또래관계에서 중요한 관건이 된다(Black & Hazen, 1990). 때문에 사회적 기술 훈련 프로그램은 학교적응력을 향상시켜 준다(이진익, 2008; 김선영 외, 2006).

(7) 사회적 기술은 성공적인 협동학습 실천을 위한 필수 조건이다

사회적 기술은 협동학습 실천 과정에서 자연스럽게 배울 수 있지만 대개는 쉽게 학습되는 부분이 아니다. 그러므로 사회적 기술은 의도적이고 체계적으로 가르쳐야 한다. 사회적 기술 훈련이 잘 되어 있지 않은 경우, 서로 간의 갈등이 발생되기 쉽고 학습 과제를 성공적으로 수행하기 힘들다.

(8) 사회적 기술은 습득 실패 시 청소년 비행의 원인이 된다

아동기에 분노를 잘 나타내며 고립되어 있고 비사회적인 행동과 공격적 성향 때문에 또래들에게 거부된 아동들, 즉 대인관계에서의 사회적 기술이 낮은 아동들의 경우 대인관계의 문제에 잘 적응하지 못하고 아동기의 이러한 사회적 능력의 부족은 청소년 비행의 원인이 되며 성인기의 정신건강상의 문제를 일으킬 가능성이 높다(이춘자, 2000).

(9) 사회적 기술에 어려움을 가질 시 심리적 부적응 문제를 유발하게 된다

또래와의 상호작용은 유아에게 사회적 관계에서 갈등과 협상을 통하여 사회적 기술을 발달시키고 연습해 볼 수 있는 기회를 제공한다. 그러나 또래들로부터 거부되었을 때, 이러한 사회적 기술을 발달시킬 수 있는 기회가 감소하게 되며, 이후의 삶에서 반사회적 행동문제나 학업의 실패, 또는 심리적 부적응 문제를 경험하게 될 가능성이 커진다(강문희, 강희연, 1999).

사회적 기술의 부족은 우울이나 외로움, 소외감과 같은 정서적인 측면과 개인의 학업수행과도 밀접한 관계가 있으므로 미국에서는 교과 과정으로 다루어야 한다는 주장이 제기되고 있다(서미옥, 2002).

(10) 사회적 기술은 경험할 기회가 많을수록 향상되는 기술이다

사회적 기술은 성인이 되었을 때 갑자기 나타나는 것이 아니라 유아기부터 사회적 기술을 경험할 기회가 많을수록 향상되는 기술이기에(이태영, 2001) 적절한 훈련과 교육으로 습득이 가능하다.

사회적 기술 훈련의 중요한 가정은 다른 행동 기술과 마찬가지로 상호작용기술도 가르칠 수 있다는 점이다. 사회적 기술은 사회적 상호작용을 일으킬 수 있는 친사회적 행동방법을 학습함으로써 긍정적으로 변화되고 발달될 수 있다.

2) 사회적 기술 훈련의 이론적 기초

사회적 기술 훈련은 몇 가지 이론에 그 기초를 두고 있다. 사회적 기술 훈련에 내재하는 가치는 교육의 분야에서 개발되었으며, 그 접근방식은 심리학과 정신치료에서 응용된 인본주의적 접근을 근간으로 하고, 사회적 기술 훈련에서 사용되는 방법은 1970년대 초부터 개발되어 온 '모든 행동은 학습되는 것이다.' 라는 행동주의 학파의 사회학습이론에 근거를 둔 재활치료의 중요한 전략 중 한 형태다(Manderinom & Bzdek 1987).

(1) 행동주의적 접근법

행동주의적 측면에서 인간의 행동을 보면 정신의학적 문제점은 정상행동을 벗어난 비정상적인 행동으로 신체의 기능변화를 동반한 사고, 감정 및 언행의 장애가 학습된 결과로 본다. 이런 비정상적인 행동을 학습이론에 따라 체계적으로 교정하여 증상의 해소 및 건설적 행동으로 바꾸는 것이 사회적 기술 훈련이다.

즉, 행동주의적 접근법은 사회적 행동기술(언어적, 비언어적 의사소통), 사회적 인지기술, 문제 상황에 대한 대처 기술 등을 다른 구성원들의 피드백과 강화(목소리 크기, 목소리 고저, 시선 처리, 제스처 등), 모델링에 의해 새롭게 학습시켜 자연스러운 사회기술을 형성하게 된다는 이론으로 그러한 능력이 기본적으로 모든 사람에게 있다고 보는 것이다.

(2) 사회학습이론

사회적 기술 훈련은 주장훈련뿐 아니라 여러 가지 실제 생활에서 마주치는 생활임무를 처리해 나가는 기술을 가르쳐주는 것으로 사회학습이론에서 주로 활용하는 것이다.

학습이론에서는 기본적으로 모든 유기체의 행동을 조건형성의 결과라고 보고 있는데, 사회적 기술 훈련은 유기체는 스스로 어떤 반응을 하게 되며 그 반응이 긍정적인 결과인 경우 나중에도 그러한 반응을 할 확률이 높아진다는 Skinner의 조작적 조건형성의 원리와 인간은 대인관계의 상호작용, 동일시, 모델링을 통해 사회적 기능을 학습한다는 사회학습이론을 따른다. Bandura는 직접적 상황에 의한 경험을 통해서도 학습이 이루어지지만 사회적 상황에서 타인들의 행동을 단순히 관찰함으로써도 그러한 행동을 학습할 수 있다라는 관찰학습의 개념을 주장하는데 여기서 사회적 기술 훈련의 학습을 설명할 수 있다. 사회학습이론에서 사회적 기술 훈련은 사회적 상황을 제시하고 각자의 역할실연에서의 직접적 행위에 대한 긍정적, 부정적 강화에 의해 학습된 적절한 사회적 기술이 나중에도 재현될 확률이 높아지지만, 다른 사람들의 역할실연과 강화를 통해서도 사회적으로 적절한 행동들을 모델링할 수 있다라고 본다. 기본 입장뿐만이 아니라 실질적인 방법론에서 긍정적 강화, 부정적 강화, 관찰학습, 모델링 등의 사회학습 이론의 기법을 따르고 있다.

(3) 인본주의적 접근

인간을 자율적이며 자신의 잠재력을 스스로 실현하고자 하는 경향이 있는 독특하고 창조적인 하나의 유기체로 보고자 하는 접근방법으로서, Freud의 정신분석적 접근보다 긍정적이며 낙관적이다. 이러한 인본주의적 이론으로로부터 사회적 기술 훈련의 목표와 가치를 도출해 낼 수 있는데, 모든 사람은 자신의 능력을 스스로 개발하고자 하는 동기와 사회적 역할을 수행할 능력이 있다라고 보는 것이다.

3) 사회적 기술 훈련 모델

(1) 기본 훈련 모델

사회적 기술 훈련 모델 중에서 가장 널리 알려져 있고 활용되는 것이 '기본적인 훈련' 접근법인 기본 훈련 모델이다. 이 모델은 대상에 대한 교육과 적절한 기술을 모델링, 행위 연습, 촉진, 숙제에 대한 긍정적인 피드백 등을 포함하고 있다. 기본적인 훈련 모델에 속해 있는 이러한 방법들은 내담자의 사회현상 인식을 향상시키기 위한 것들로 5단계로 이루어진다.

먼저 치료자는 대인관계의 문제를 확인하여 훈련 목표를 정하고 새로운 행동 수정목표와 대상을 정한다. 문제에 따른 상황을 설정하고 역할을 시연한다. 역할시연 기법을 통한 교육, 모델링, 행동형성, 접근기법, 즉각 개입 및 긍정적 강화를 통한 지도를 한다. 실제로 일상생활에서 적용하여 시도하고 과제를 수행하는 일련의 훈련 활동이 이루어진다.

(2) 문제 해결 모델

비교적 근래에 개발된 것으로 기본적 문제 해결 기술의 증진을 위해 정보 처리 틀에 근거한 훈련을 강조한다. 내담자는 대인관계 상황에서 입수되는 자극 감지력을 지각하고 의미를 풀어 알고 적절히 반응하여 효과적인 언어 및 비언어적 반응을 보이도록 교육된다. 대인관계 상황은 기초 모형에서와 마찬가지로 역할시연 기법으로 전개되며 흔히 비디오에 담아 치료적 질문을 던지고 각 과정으로 말할 수 있는 의사소통의 입수, 처리, 반응의 3과정을 훈련한다.

(3) 주의 집중 모델

기본 훈련 모델이나 문제 해결 모델은 비교적 복합적인 훈련 상황에도 참가할 수 있는 능력이 있을 때에 적용가능하지만 주의 집중 모델은 심하게 퇴행된 내담자들의 기본적인 의사소통 기술을 훈련하기 위한 방법으로 개발되었다. 이는 내담자의 주의력을 의도하는 것에 초점을 두며 훈련내용의 체계적인 반복, 단계적인 격려, 즉각적인 강화법 등을 적용한다.

4) 사회적 기술 훈련 방법

(1) 계획 단계

① 사회적 기술의 사정(assessment) 및 평가(evaluation)

사회적 기술 훈련의 사정과 이를 평가하는 것은 사회적 기술 훈련의 성패를 결정지을 정도로 중요하다. 사회적 기술 훈련의 성공을 위해서는 먼저 참여하는 각 성원의 사회적 기술을 사정해야 하는데, 다음과 같은 네 가지를 고려하여 사회적 기술을 사정해야 한다.

- 역기능적인 대인관계 행동: 대인관계의 역기능은 일상적인 임상평가와 관찰을 통해서 충분히 확인될 수 있다. 치료사는 일상적인 기능이 어떠한 것인가에 대한 정확한 인식을 갖고 내담자의 대인관계 행동에 초점을 맞추어 관찰하면 이 요소들을 파악할 수 있다.
- 상황에 따라 다양한 개인별 사회적 기술: 행동 모델에 따르면 사회적 기술의 결핍은 상황에 따라서 특수한 경향이 있으므로, 기술 결핍이 어디에 있는지를 파악하기 위해서는 상황적인 변화를 구체화하고 사회적 수행능력을 평가하여야 한다. 결핍 행동이 나타나는 상황들은 각 개인마다 차이가 있다.
- 역기능의 근원인 대인관계의 불안: 역기능의 근원은 대인관계에서 오는 다양한 불안일 경우가 많은데 대인관계의 불안은 사회적 기능을 방해한다. 따라서 대인관계의 불안에 대한 탐색이 고려되어야 한다. 사회적 기술 훈련은 기술의 향상뿐 아니라 역기능의 근원이 되는 대인관계의 불안을 감소시킨다.
- 사회적 기술 결핍의 구체적인 변수: 대인관계의 역기능이 관찰되고 상황적인 결정인자들이 확인되었으며 그 역기능이 사회기술의 결핍과 현저하게 관련되어 있다면, 그 결핍의 구체적인 변수들을 구별해야 한다. 여기에는 사회적 인지의 결핍, 특수한 문제 영역, 언어적, 비언어적 반응 요소 모두를 포함한다.

② 집단성원의 참여기준

사회적 기술 훈련 집단의 성원을 선정할 때 구성원들의 사회적 기술이 비슷한 사람들로 구성하는 것이 효과적이며, 치료자는 집단의 기준과 목표를 잘 고려하여 혼성으로 할 것인지 혹은 다양한 연령층을 포함할 것인지를 결정하여야 한다. 집단을 분열시키는 사람이나 적대감을 전혀 통제하지 못하고 공공연히 표현하는 사람, 행동화(acting out)하는 사람, 집중력이 짧은 사람, 장기간 동안 환각이나 망상이 심한 사람 등은 제외한다.

③ 집단성원의 모집

사회적 기술 훈련 집단의 계획과 집단성원에 대한 결정이 있은 후에 기술 훈련에 참여할 성원을 모집하게 되는데, 집단에 대한 설명을 사전에 개개인에게 하는 것이 효율적이다. 예를 들어, 심하게 위축되거나 자발성이 결여된 환자들은 참석하기를 주저할 것이다. 이런 경우에는 첫 모임에 실험적으로 참석하도록 권한 후 자신이 집단에 참석하는 것이 안정감이 있고, 그 집단에 참석하는 것이 자신에게 필요한 것임을 느끼게 함으로써 참여할 동기를 갖게 만드는 것이 좋다. 보통 치료자가 한 명인 경우는 4~6명, 두 명인 경우에는 6~12명이 가능하다.

④ 훈련 모임의 시간 및 빈도

훈련 집단 모임의 시간과 빈도는 참가 인원수와 각 구성원들의 현재 기능수준에 따라 다양하게 설정되지만, 보통은 모임 1회당 40~90분 정도의 시간이 적당하며 진행의 속도는 집단과 보조를 맞추는 것이 중요하다. 빈도는 첫째 주 2회가 효과적이지만 상황과 치료 목표에 따라서 증감할 수가 있다.

(2) 실행 단계(훈련을 위한 구체적인 진행과정)

훈련이 시작되면 치료자는 안정적인 분위기를 조성하고 집단성원의 자발성을 격려하며, 집단 모임에 대한 흥미를 가지도록 돕는 것이 중요하다.

① 소개

참석한 성원들에게 사회적 기술 훈련의 목적과 진행방법, 치료자 및 구성원에 대한 소개와 역할 연기 상황에서 각자가 관심을 두어야 할 것 등을 소개한다.

② 과제점검

지난 시간에 내어준 과제를 점검한다.

③ 역할시연(Role Playing)

사회적 기술의 많은 부분은 실제 상황을 모방한 연습장면을 설정하여 역할연기를 하는 것으로 구성되며 치료자가 미리 준비된 상황을 소개하거나 집단 성원 개인이 과거에 경험했던 상황이나 일반적으로 어려움을 겪고 있는 갈등 상황을 설정하기도 한다.

④ 피드백과 사회적 강화

역할시연 후 다른 집단 성원들과 참석한 치료자들이 조언을 해 준다. 처음에는 긍정적인 면과 변화된 점에 대해서 언급하고 나중에 보완될 점이나 부족한 점에 대해서 조언해 준다. 집단 성원 간의 강화는 집단경험을 통해서 할 수 있는 유익한 학습기회가 될뿐더러 비디오 녹화장면을 활용하는 것은 즉각적이고 객관적인 관찰을 가능하게 해 주고 훈련 전과 후의 행동을 비교해 주는 장점이 있다.

⑤ 시범연기

집단 성원들이 어떻게 반응해야 하는지 말로써만 소개하는 것이 아니라 보조 치료자가 실제로 역할행동을 보여 주거나 기존의 모델 테이프를 활용한다.

⑥ 예행연습을 하고 종합적으로 긍정적인 조언을 한다.

⑦ 과제 부여

집단 모임에서 획득한 기술을 훈련상황이 아닌 일반 사회상황에서도 유지되도록 하기 위해서 과제를 부여한다. 과제는 실질적이고 구체적이며 성취 가능한 것으로 하며 다음 훈련 시간까지 실시하도록 요청하여 그 다음 시간의 초반에 과제의 수행 여부를 점검한다.

(3) 평가 단계

모든 사람이 동의할 만한 평가방법이 개발되지는 못했지만, 훈련의 효과성을 평가하기 위해서는 여러 평가도구가 사용된다.

① 실제 생활에서의 직접적인 관찰
② 행동연기 분석
   가족, 내담자, 치료자 모임을 통해서 변화된 행동에 대하여 분석
③ 역할연기를 통한 평가
④ 자기 보고식 설문지를 통한 평가
   (예: 사회행동, 대인관계, 문제해결 능력, 자기주장, 자존감, 사회적 불안, 사회활
   동, 직업 기능 및 재활정도, 가족관계의 향상 등)

4. 사회적 기술과 집단미술치료

사회적 기술을 향상시키기 위해서는 유·아동, 청소년들이 대인관계에서의 역기능을 탐색하고, 상황에 따른 다양한 기술들을 파악해야 하며, 자신이 대인관계에서 가지게 되는 불안이 무엇인지를 탐색할 필요가 있다. 그리고 직접 집단 속에서 역할을 시연해 보고, 또래의 피드백을 받아 사회적 강화를 받으며 사회적 기술을 습득하고 향상시키는 것이 도움이 된다. 따라서 사회적 기술을 향상시키는 방법으로 개별적인 접근보다 집단과 미술치료의 장점을 살린 집단미술치료를 통한 접근이 효과적일 수 있다.

1) 집단의 장점

사람은 누구나 집단에 소속되려는 강한 욕구를 가지고 있다. 유·아동, 청소년들은 집단을 통해 자기중심적인 경향에서 다른 사람의 입장을 이해하는 능력이 발달되며 사회적 관계기술을 배우게 되므로 이들에게 집단은 상당히 중요하다. 규칙을 따르고 협조하며, 공동의 목표를 수행하기 위한 노력의 중요성을 배우고, 이러한 집단활동 속에서 자아존중감과 자기만족감 등이 커질 수 있는 것은 집단이 유·아동, 청소년들에게 미치는 긍정적인 영향이라 할 수 있다.

집단은 아동들의 놀이와 학습을 위한 자연스러운 매개체이며, 안전하고 수용적인 분위기 속에서 새로운 행동을 연습하고, 그 행동에 대한 지지를 받도록 환경을 제공한다. 집단은 함께 작업한다는 것이 얼마나 중요한지를 보여 주며, 서

로 도움을 주고받는 긍정적 태도나 사회적 가치와 행동들을 위한 역할모델을 제공한다.

집단을 통하여 유·아동, 청소년들은 타인을 관용하고, 나와 다른 그들의 차이를 존중하며, 타인들과 함께 그 차이의 중요성을 강조하는 것, 서로 신뢰하고, 사고, 태도 및 감정들을 솔직하게 서로 공유하는 것을 배운다(Morganett, 1994).

2) 집단미술치료의 장점

집단미술치료는 집단 혹은 상호관계성의 역학을 토대로 신뢰롭고 수용적인 분위기 속에서 개인의 태도와 행동의 변화 혹은 높은 수준의 개인의 성장발달 및 인간관계 발달의 능력을 촉진시키려는 의도에서 이루어지는 하나의 역동적인 집단상담(이장호, 김정희, 2001)의 특성에 미술치료의 기법을 도입한 것이다(최외선 외 4인, 2008).

이러한 집단미술치료는 무의식을 포함하여 사고와 감정의 표출을 돕고, 의사소통을 증진시켜 대인관계를 향상시키고, 협동작업을 통해 사회성이 증진되는 등 치료적 효과를 가진다. 이와 같은 집단미술치료의 장점은 다음과 같다.

첫째, 집단미술치료에서 유·아동, 청소년들이 경험하게 되는 그리거나 만들기 등 여러 형태의 미술활동은 언어로는 접근할 수 없는 생각과 감정의 표출구가 되므로 괴롭고 고통스러운 기억 같은 내면세계에 간직된 감정을 해소하기에 효과적이다. 그러므로 미술활동을 하면 기분을 환기시키고 이완시키는 생리학적 반응을 일으켜 두려움이나 감정적 스트레스를 완화할 수 있다(Malchiodi, 2000).

둘째, 집단미술치료는 단지 대화를 통해서만은 밝혀지지 않는 편안한 수준과 안정감을 가져다주고 상담 장면에서 아동과의 상호작용하는 적절한 방법을 제공해 주기 때문에 자기표현에 서투르며 또래에 영향력을 많이 받는 아동들에게는 매우 효과적인 방법으로 이들과 매우 효과적으로 의사소통을 쉽게 해 주는 독특한 방법이다(Malchiodi, 1998). 이와 같이 집단미술치료는 집단원간의 상호작용을 하게 하므로 자신과 타인을 이해하고 신뢰감과 사회성을 증진시킨다. 또한 남에게 자신을 표현하는 데 어려움을 가진 내담자들이 언어 이외의 그림이라는 매개체로 의사소통을 할 수 있게 하여 원만한 대인관계를 형성할 수 있는 기회를 마련해 준다(고정자, 이미옥, 이금숙, 1998; 남현우, 이지현, 1999).

집단미술치료에서 미술재료를 공동으로 쓴다든지 협동작업을 하면서 또는 상대방의 그림을 보완해 주는 과정을 통해 자연스럽게 관계 경험을 하며 집단원들끼리 서로 자신의 그림과 경험을 이야기하고 의견을 교환함으로써 정보교환의 기회를 가지며 새로운 것을 배우고 동시에 가르쳐 주는 경험도 하며 서로 다른 행동양식, 사고, 감정 및 모방하는 모방적 행동이 촉진된다(류정자, 2000).

셋째, 집단미술치료는 집단원들의 다양한 내면세계가 작품에 담기고 각자의 특이한 경험들이 표출됨으로써 긍정적 자아형성과 삶의 자세를 갖게 하는 데 많은 도움을 준다. 집단미술치료 과정에서 작품의 미적 가치에 대한 평가보다 개인의 상상력과 독특한 개성을 중요하게 평가하므로 타인과 자신을 비교하지 않고 있는 그대로의 모습에서 의미를 찾게 된다(김현숙, 2001).

넷째, 집단미술치료는 자신이 나타내고자 하는 바를 완벽하게 표현하지 않아도 토론과정에서 집단원들끼리 이야기를 하면서 상호작용의 기술을 향상시키고 상대방이 이야기할 때 경청하고 나와 타인이 다름을 이해하는 시간을 가질 수 있게 한다(남정현, 2008).

3) 집단미술치료를 통한 사회적 기술 향상

집단미술치료를 통해 자아존중감이 향상되고, 대인관계 능력인 사회기술이 향상되었다는 연구 결과들이 많이 보고되었다.

집단미술치료를 통해 공격적인 아동의 자존감과 대인관계 능력인 사회적 기술이 향상되었고(강승아, 1994), 집단미술치료를 통해 청소년의 자기존중감과 사회적응력을 증진할 수 있음을 제안(전미향, 최외선, 1998)한 연구가 있다.

미술재료를 같이 사용한다든지 공동작업, 협동작업을 하면서 관계형성 경험을 자연스럽게 하게 됨으로 집단원들끼리 서로 다른 사회적 기술을 습득하고 서로에게 피드백을 주고받을 기회가 자연적으로 많아지기 때문에 사회적 기술의 발달을 촉진시킬 수가 있다는 연구 결과(이미애, 2001)와 중학생의 자긍심과 사회성 향상에 미치는 효과에 대한 탐색 결과, 학생들에게서 양적인 변화보다는 질적으로 현저한 변화가 있었다(김현숙, 2001)는 결과 역시 집단미술치료를 통해 자아존중감과 사회적 기술이 향상되었음을 보여 준다. 집단미술치료는 활동 과정이나 작품 감상을 통하여 자신이 만든 작품이 집단원들에 의해 긍정적 평가를 받게 되거나 소중히 다루어지는 것을 보고 마치 자신이 존중받는 느낌을 받을 수 있어 자아존중감 향상에 도움이 될 수 있다(전미향, 1997, 김선관, 2001).

집단미술활동을 통해 저소득층 초등학교 아동의 자아존중감과 사회적 기술을 향상시킬 수 있었다(김수주, 2004)는 연구와 집단미술치료 결과 의미 있는 경험들은 자기표현을 하게 함으로써 성취감, 만족감을 느끼게 하여 긍정적인 자아존중감과 사회적 기술을 향상시킬 수 있는 기회를 주었다(김혜경, 2005)는 연구, 협동작업 중심의 집단미술치료가 저소득층 아동의 또래관계 및 성에 미치는 효과에서 또래관계에서 사회적 지지, 협동성에 효과가 있음을 보고하고 있는 연구(이현진, 이미옥, 2006)에서도 집단미술치료가 자아존중감과 사회적 기술을 향상시킴을 알 수 있다.

집단미술치료를 통해 자아존중감이 향상되고 사회적 기술이 향상되었다는 연구 외에도 집단미술치료는 다중지능, 학습기능 향상에 긍정적 영향을 미치며 정서활용도를 높이고 문제행동을 감소시킨다는 연구들이 보고되었다.

김옥희(1999)는 협동그림 활동과 교사가 지각한 유아의 다중지능과의 관계에서 협동그림 활동이 유아의 언어적 지능에 통계적으로 유의한 차가 있었으며, 공간적 지능, 음악적 지능, 신체-운동적 지능, 논리-수학지능, 개인이해지능이 통제집단에 비해 평균의 차이가 높았음을 보고했다.

서소희(2008)는 시지각 향상 집단미술치료가 비언어적 학습장애아동의 국어과 학습기능과 사회적 기술에 미치는 효과에서 시각통합기능(시각기억, 시각변별, 공간관계, 형태항상성, 순차기억, 도형배경, 시각통합), 국어과 학습(기초학습-정보처리, 읽기, 쓰기-기능, 구문이해력)과 사회적 기술(자기주장, 상호작용, 자기통제)에 효과가 있음을 보고하고 있다.

이은주(2007)는 방과 후 집단미술치료 프로그램이 아동의 정서에 미치는 효과에서 아동이 생활 전반에 걸쳐 문제를 효과적으로 해결하는 데 활용되는 정서활용도가 높아지고 사전검사에 비해 사후검사에서 문제행동이 감소되었음을 시사했다. 또 김명옥(2004)은 고교생을 대상으로 한 일반지능과 다중지능 및 정서지능과 학업성취도 간의 관계 분석에서 개인이해지능이 학업성취도와 유의한 상관이 있으며 이는 자신을 이해하고 감정을 잘 조절하는 능력이 학업성취에 크게 영향을 미치는 것으로 보았다. 또한 정서지능과 다중지능 간에 유의한 상관이 있음을 보고하고 있다.

 이처럼 여러 연구에서 집단미술치료가 다중지능의 하위영역 개발과 향상에 긍정적인 효과가 있음을 보고하고 있으며 특히, 집단미술치료를 통해 이루어지는 활동들은 다중지능의 하위요소인 공간관계지능, 신체운동지능, 언어지능, 사회적 기술 또는 정서지능이라 할 수 있는 개인이해지능과 대인관계지능에 효과가 큰 것으로 나타났다.

 따라서 유·아동, 청소년들이 집단미술치료 프로그램을 통해 여러 가지 매체 다루기, 다양한 방법으로 표현하기, 조형하기, 그리기, 자신의 생각 나누기, 또래 공감하기, 인정받기, 화 다루기, 배려하기 등을 경험하게 함으로써 유·아동, 청소년들의 다양한 지적 능력뿐 아니라 창의력, 사회적 기술 향상에 크게 기여할 수 있는 것으로 사료된다.

PART 2

실제편

1월

자신을 찾아가는 여행

자기 수용, 자기상 개선,
자신의 성역할에 대한 인정,
자존감 향상, 자신의 가치에 대해 알기

첫째 주: 나는요?(나는 누구일까요?)
둘째 주: 남자라서, 여자라서 ~하면 안 된다
셋째 주: 얼굴 나무
넷째 주: 아름다운 가치 사전

나는요?(나는 누구일까요?)

‖ 목표

1. 자신에 대한 긍정적인 생각을 유도한다.
2. 친구들과의 상호작용을 통하여 자신을 소중하게 여기도록 한다.

‖ 준비물

크레파스, 사인펜, 색연필, 도화지

‖ 활동방법

1. 자신을 사물이나 동물, 식물 등에 비유(은유적 상징화) "나는 ○○이다." 라고 표현하도록 한다.
2. 자신을 잘 나타낼 수 있는 은유적 상징화를 그리고 크레파스나 사인펜, 색연필 등을 사용하여 꾸민다.
3. 한 사람씩 돌아가며 자신의 작품에 대해 설명한다.
4. 나의 정의에 대한 표현 중 부정적인 내용은 가급적이면 긍정적인 이유를 찾을 수 있도록 유도한다.
5. 친구가 표현한 은유적 상징화에 대한 긍정적인 면을 집단구성원들이 돌아가며 한 가지 이상씩 이야기한다.
6. 활동 후 느낀 점에 대해 이야기를 나눈다.

‖ 주의사항

1. 자신의 상징에 대한 긍정적인 표현을 찾지 못하는 아동에게는 교사가 간단한 힌트나 격려를 통하여 아동 스스로 장점을 말하도록 유도한다.
2. 친구의 상징에 대한 표현을 긍정적인 표현으로 바꿀 때 모든 아동이 참여할 수 있도록 한다.

나는 누구일까요?

🔻 사례 1: 초등 3, 남학생

- 나는 괴물이다. 왜냐하면 열 받으면 아무거나 때려서
- 긍정적인 표현으로 바꾸기: 나는 괴물이다. 왜냐하면 불을 뿜어서 힘든 일을 다 태워버릴 수 있기 때문에
- 친구들의 긍정적인 표현: 마음대로 한다. 날아다닌다. 힘이 세다. 멋있다.

🔻 사례 2: 초등 2, 남학생

- 나는 새장 속의 새다. 왜냐하면 갇혀 있어 내 마음대로 할 수 있는 것이 없어서
- 긍정적인 표현으로 바꾸기: 나는 새장 속의 새다. 왜냐하면 사람들에게 아름다운 노래를 들려줄 수 있어서
- 친구들의 긍정적인 표현: 사랑받는다. 힘든 일 걱정 없다. 따뜻한 환경에서 살 수 있다.

🔻 사례 3: 초등 6, 여학생

- 나는 소다. 왜냐하면 겁이 많고 고집이 세기 때문이다. 또 많이 놀기 때문이다.
- 긍정적인 표현으로 바꾸기: 나는 소다. 왜냐하면 자기 주장이 강하고 싸움을 안 하고 친구들과 잘 지낸다.
- 친구들의 긍정적인 표현: 착하다. 부지런하다. 사람들에게 맛있는 것을 많이 준다.

‖ 다시 한 번 해봐요

내 상징의 좋은 점 찾아보기
나를 상징하는 사물, 동물, 식물 등에 대해 좋은 점을 찾아보면서 내 자신이 그
상징처럼 가치 있고 좋은 점이 많다는 긍정적인 사고를 경험해 본다.

그대는 신의 아들이다.

-그라시안(Gracian)-

내 상징의 좋은 점 찾아보기

내 상징	내 상징의 좋은 점
겉모습, 모양, 외모	
할 수 있는 것	
특이한 면들	
다른 사람이 말하는 내 상징의 좋은 점	

남자라서, 여자라서 ~ 하면 안 된다

‖ 목표

1. 자신과 타인의 매력을 탐색하도록 한다.
2. 성역할에 대한 편견을 가지지 않도록 한다.

‖ 준비물

A4 용지, 사인펜, 색연필

‖ 활동방법

1. 자신이 생각하는 남자라서 ~하면 안 된다(남자라서 ~해야 한다), 여자라서 ~ 하면 안 된다(여자라서 ~해야 한다)를 자신의 성별에 따라 각자 9분할회화통 합법[1]으로 표현해 본다.
2. 한 사람씩 발표를 하고, 표현한 성 역할 중에 왜곡하여 인지하고 있는 부분이 있다면 친구들과 토론을 통하여 수정하는 시간을 가진다.
3. 활동 후 느낀 점에 대해 이야기를 나눈다.

‖ 주의사항

아동들이 평소에 가지고 있었던 성역할에 대한 생각을 진솔하게 이야기하는 시 간을 통해 성역할에 대해 바른 생각을 갖도록 돕는다.

---

[1] 9분할회화통합법: 종이에 테두리를 그린 후 화면을 3×3으로 분할하여 9개의 칸에 그림을 그리게 하는 기법이다.

~이라서 해야 한다(~하면 안 된다)

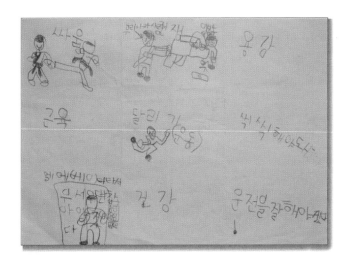

 사례 1: 초등 2, 남학생

- 싸움을 잘해야 한다.
- 씩씩해야 한다.
- 근육이 있어야 한다.
- 운전을 잘해야 한다.
- 용감해야 한다.
- 엘리베이터를 타고 무서워도 참는다.
- 달리기를 잘해야 한다.

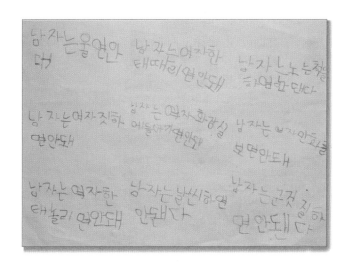

 사례 1: 초등 2, 남학생

- 울면 안 된다.
- 여자를 때리면 안 된다.
- 여자 화장실에 가면 안 된다.
- 날씬하면 안 된다.
- 여자 만화 보면 안 된다.
- 군것질을 하면 안 된다.
- 노는 척을 하면 안 된다.

사례 3: 초등 4, 여학생

- 혼자 요리를 할 수 있어야 한다.
- 커피를 끓일 수 있어야 한다.
- 일찍 들어와야 한다.
- 피부 관리를 잘해야 한다.
- 발이 작아야 한다.
- 옷을 잘 입어야 한다.
- 만들기를 잘해야 한다.

사례 4: 초등 4, 여학생

- 다리를 벌리고 앉으면 안 된다.
- 입 크게 벌려 웃으면 안 된다.
- 혼자 다니면 안 된다.
- 목소리 크면 안 된다.
- 남자 애들보다 머리가 크면 안 된다.
- 뚱뚱하면 안 된다.
- 머리가 너무 짧으면 안 된다.

‖ 다시 한 번 해봐요

나의 매력 찾기

사람은 어느 누구도 매력이 없는 사람은 없다. 성격이나 외모, 신체조건, 자신의 능력과 재능에 관해 자신이 알고 있었던 '나의 매력' 과 지금까지 자신이 미처 발견하지 못했던 '나의 매력' 이 무엇인지 생각해서 기록해 보고 그중에서 가장 큰 나의 매력이 무엇인지 발견해 본다.

하나님이 남자와 여자를 만드시고 보시기에 심히 좋았더라.

-성서-

나의 매력 찾기

매력 유형 \ 나의 매력	내가 알고 있던 나의 매력	새롭게 발견한 나의 매력
성격 부분의 매력		
외모나 신체 조건의 매력		
능력이나 재능의 매력		
다른 사람이 말하는 나의 매력 (3명에게 물어보기)		

○ 셋째 주 **얼굴 나무**

‖ 목표
1. 나의 얼굴 그리기를 통하여 자기 정체감을 확인한다.
2. 나의 얼굴과 친구들의 얼굴을 같은 나무에 배치해 봄으로써 친구들 사이에서 의 자신의 모습을 알고 다른 친구들과의 원만한 관계를 경험한다.

‖ 준비물
도화지, 전지, 크레파스, 가위, 풀, 물감, 붓, 거울

‖ 활동방법
1. 거울을 보며 자신의 얼굴 생김새, 피부색, 특징 등을 자세히 관찰해 본다.
2. 화지 위에 최대한 자신의 얼굴을 똑같이 그려서 자신의 자아상을 반영해 본다.
3. 채색을 통하여 자신의 모습을 다시 한 번 인식하는 기회를 가진다.
4. 그림이 완성되면 가위로 얼굴을 오린다.
5. 전지에 친구들과 함께 커다란 나무를 그리고 자신의 얼굴을 나무에 배치해 봄 으로써 한 사람씩 모여 조화를 이룰 수 있는 것에 대해 느껴 본다.
6. 서로 다른 모습들이 하나의 큰 틀 안에서 어떻게 관계로서의 조화로움을 이루 는지 알아봄으로써 자신의 중요성과 자신의 역할이 전체적인 조화에 얼마나 중요한지 느껴 본다.
7. 활동 후 느낀 점에 대해 이야기를 나눈다.

‖ 주의사항
아동들이 자신의 얼굴을 그릴 때 최대한 자세히 그릴 수 있도록 유도한다.

얼굴 나무(집단화)

얼굴 나무(집단화)

자신의 얼굴을 그려 나무 위에 자신이 원하는 곳에 붙인 후 친구들과의 조화를 살펴보았다.

‖ 다시 한 번 해봐요

친구 찾기
우리 반의 친구들 중 어떠한 일에 뛰어난 재능을 보이거나 열심히 하는 친구를
발견하는 시간을 가져 본다.

그럴듯한 모습으로 꾸미기보다는 자기의 본래의
모습을 보이는 편이 훨씬 더 성공적이다.

—다케무라 겐이치(竹村健一)—

친구 찾기

우리 반에서 다음 일을 잘할 수 있는 친구를 찾아보세요. 가능한 여러 명의 친구들을 찾도록 노력해 보고, 그 친구에게 직접 사인을 받아 보세요.

친구 찾기	친구 이름 · 사인
자신의 책상과 사물함을 깨끗하게 정리하는 친구	
노래를 잘 부르는 친구	
달리기를 잘 하는 친구	
그림을 잘 그리는 친구	
설거지, 화분 물주기 등 집안일을 잘 거드는 친구	
축구할 때 골인을 많이 시키는 친구	
컴퓨터를 잘 다루는 친구	
아파도 잘 참을 수 있는 친구	
친구들을 잘 도와주는 친구	
일주일에 책 2권 이상을 읽는 친구	
변 치우기, 밥 주기, 목욕시키기 등 애완동물을 자기 손으로 돌보는 친구	
반찬을 가리지 않고 골고루 먹는 친구	
발표를 잘 할 수 있는 친구	
친구들을 즐겁게 해 주는 친구	

넷째 주 **아름다운 가치 사전**

‖ 목표
1. 추상적인 가치 개념을 자신이 생각하는 구체적인 가치 개념으로 표현한다.
2. 가치를 직접 실천한다.

‖ 준비물
32절지 종이(A4 용지 4등분 크기), 사인펜, 색연필, 스테이플러

‖ 활동방법
1. 마음 나누기, 양심, 용기, 인내, 정직, 보람, 배려, 믿음, 성실, 책임 등 가치를 나타내는 단어들의 뜻을 생각해 보고 이야기 나눈다.
2. 32절(A4 용지 4등분) 종이에 자신이 생각하는 그 가치의 정의를 기록해 본다. 단어의 뜻을 정의하고 나면 그 정의에 맞는 상황을 그림으로 표현해 본다.
3. 자신이 생각하는 가치의 정의에 대해 발표한다.
4. 가치 개념을 정의하고 그림으로 표현한 32절 종이를 모아 스테이플러로 찍어 사전을 만든다.
5. 각 활동 중에 느낀 점들에 대해 이야기를 나눈다.

‖ 주의사항
1. 단어와 그림을 표현할 종이는 교사가 미리 A4 용지를 잘라 준비한다.
2. 아동들이 단어의 뜻을 자유롭게 표현할 수 있도록 생각을 제한하지 않는다.

아름다운 가치 사전

▶ 사례 1: 초등 5, 남학생

마음 나누기란: 다른 애들이 맞을 때 내가 불안한 것

▶ 사례 2: 초등 5, 남학생

마음 나누기란: 동생이 엄마한테 야단맞을 때 내 마음이
아픈 것

▶ 사례 3: 초등 3, 여학생

용기란: 무서울 때 용기를 내어서 안 무섭게 하는 것

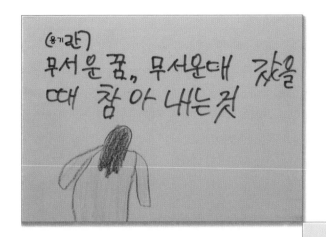

▼ 사례 4: 초등 3, 여학생

용기란: 무서운 꿈, 무서운 곳에 갔을 때 참아내는 것

▼ 사례 5: 초등 2, 남학생

자신감이란: 많은 사람들 앞에서 피아노 칠 때 두렵지
않은 것

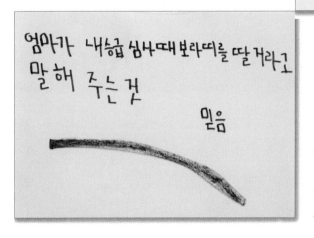

▼ 사례 6: 초등 2, 남학생

믿음이란: 엄마가 내 승급 심사 때 보라색 띠를 딸 거라
고 말해 주는 것

◤ **사례 7: 초등 5, 남학생**

양심이란: 컴퓨터를 몰래 더 했을 때 엄마
한테 들킬까 봐 겁나는 마음

◤ **사례 8: 초등 5, 남학생**

신중이란: 무언가를 하기 전에 깊이
생각해 봄

‖ 다시 한 번 해봐요

아름다운 가치 실천하기
하루에 한 가지씩 아름다운 가치를 선정해서 집중적으로 실천해 보는 시간을 가
지고 실천한 후 느낀 점들에 대해 기록해 본다.

무엇이라도 할 만한 가치가 있는 것이라면 잘할 가치가 있다.
-체스터필드(Chesterfield)-

아름다운 가치 실천하기

요일	실천한 가치	어떻게 실천했나?	실천하면서 느낀 점

2월

새로운 시작을 위하여

새 학년을 맞이하는 자신의 기대와
욕구에 대해서 탐색, 새 학기에
일어날 수 있는 일들을 미리
예측하면서 문제 해결 능력과
대처능력 향상시키기

첫째 주: 욕구 장갑 만들기
둘째 주: 새 학년이 되어 변화되는 것들
셋째 주: 이 정도는 할 수 있어요
넷째 주: 나는 이런 일들이 일어나지 않기를 바란다

○ 첫째 주 욕구 장갑 만들기

‖ 목표
1. 새 학기를 맞이하면서 자신이 원하는 것들이 무엇인지를 탐색해 봄으로써 욕구를 충족시키기 위한 자신의 바람에 대해 자각한다.
2. 긍정적인 방법으로 자신의 욕구를 충족시킬 방법들을 찾아본다.

‖ 준비물
부직포, 실과 바늘, 가위, 색종이, 색연필, 사인펜

‖ 활동방법
1. 2장을 겹친 부직포에 자신의 손 모양을 본 떠 그린 후 가위로 오린다.
2. 실과 바늘을 이용하여 부직포 2장을 장갑이 되도록 꿰맨다.
3. 인간의 행동을 유발시키는 근원이 되는 사랑의 욕구, 힘의 욕구, 자유의 욕구, 즐거움의 욕구, 생존의 욕구 등 다섯 가지 욕구에 대해 설명해 준다.
4. 인간의 기본적인 욕구에 대해 자신이 생각한 상징들을 색종이에 그림으로 표현해 본다.
5. 부직포 장갑의 다섯 손가락 각각에 욕구 상징 하나씩을 붙인 후 각 손가락마다 자신의 바람을 표현해 본다.
6. 친구들과 자신의 바람이 어떤 기본적인 욕구에 해당되는지를 발표해 보고, 자신은 어떤 욕구가 많고 적은지 친구들과 이야기 나누는 시간을 가져 본다.
7. 활동 후 느낀 점에 대해 이야기를 나눈다.

‖ 주의사항
1. 욕구의 정의를 정확하게 알고 자신이 원하는 것이 어떤 욕구에 속하는지를 알도록 유도한다.
2. 부직포로 장갑을 꿰맬 때 서투르지만 아동이 스스로 완성할 수 있도록 유도한다.

욕구 장갑 만들기

▨ 사례 1: 초등 3, 남학생

- 사랑의 욕구: 새 학년이 되어 얼짱, 몸짱이 되어 친구들에게 사랑받기 위해서는 운동을 열심히 하고, 얼굴에 뭐 안 나려면 라면이나 만두 등을 조금씩만 먹는다.
- 힘의 욕구: 태권도, 무술, 검도 등 많이 열심히 수련한다. 그리고 쌍절곤도 연습한다.
- 즐거움의 욕구: 돈을 많이 벌고 친구들에게 잘 대해 주어 친구들을 많이 사귄다.

▨ 사례 2: 초등 5, 남학생

- 힘의 욕구: 많이 걷고 운동하여 튼튼한 몸을 만든다.
- 즐거움의 욕구: 컴퓨터 디스크 조각모음을 한다.
- 사랑의 욕구: 이건 안 된다.

‖ 다시 한 번 해봐요

기본 욕구 충족하기

기본 욕구에 해당하는 자신의 바람에 대해 긍정적인 방법으로 자신의 욕구를 충
족시킬 방법을 찾아서 실제로 표현하고 행동해 본 후 느낀 점에 대해 기록한다.

건강한 자는 모든 희망을 안고, 희망을 가진 자는 모든 꿈을 이룬다.
-아라비아 격언-

기본 욕구 충족하기

기본 욕구	충족할 수 있는 방법	해 본 후 느낀 점
사랑의 욕구		
힘의 욕구		
생존의 욕구		
자유의 욕구		
즐거움의 욕구		

둘째 주 새 학년이 되어 변화되는 것들

‖ 목표
1. 새로운 환경과 새 학년이 되어 변화되는 것들에 대해 미리 예측한다.
2. 낯선 환경에서 일어날 수 있는 여러 가지 문제나 사건들에 대해 효율적으로 대처하는 방법을 찾는다.

‖ 준비물
도화지, 색연필, 사인펜

‖ 활동방법
1. 새 학년이 되면 자신의 환경이 어떻게 변할 것인지를 예측해 본다.
2. 좋아지는 점은 어떤 것이 있는지, 힘들어지는 점은 어떤 것이 있는지 그림으로 표현해 본다.
3. 그림을 보며 힘들어지는 일들을 최소화하기 위해 어떻게 해야 할지 대처 방법에 대해 표현해 본다.
4. 좋아지는 일들은 어떻게 즐길 것인지 표현해 본다.
5. 친구들과 함께 자신이 예측한 새로운 환경의 좋은 점과 즐길 방법, 힘든 점과 대처 방법에 대해 이야기를 나누고 느낌을 표현한다.
6. 활동 후 느낀 점에 대해 이야기를 나눈다.

‖ 주의사항
1. 교사는 아동들이 긍정적인 기대를 갖고 새 학년을 맞도록 유도한다.
2. 교사는 아동이 자신에게 문제를 해결할 수 있는 힘이 있음을 인식하게 한다.

새 학년이 되어 변화되는 것들

사례 1: 초등 5, 남학생

- 공부하는 것이 더 많아진다.
- 수학여행을 간다.
- 목소리가 바뀐다.
- 키가 커진다.

사례 2: 중 1, 여학생

- 학교가 멀어진다.
- 새 친구가 생긴다.
- 장래를 생각해야 한다.
- 공부량이 많아진다.

사례 3: 초등 5, 남학생

- 시험이 더 어려워진다.
- 고학년의 마지막이 된다.
- 자유가 줄어든다.
- 목소리가 변한다.

‖ 다시 한 번 해봐요

새로운 환경에서 경험하게 되는 스트레스 대처 방법
새 학년이 되어 변화되거나 일어날 수 있는 일들에 대해 내가 받는 스트레스를
해소하거나 줄일 수 있는 나만의 방법을 찾아본다.

종종 환경의 변화보다 더 많은 변화가 당신 자신에게 필요하다.
-아서 크리스토퍼 벤슨(Arthur Christopher Benson)-

새로운 환경에서 경험하게 되는 스트레스 대처 방법

새 학년이 되어 힘들 것 같은 일들	나만의 스트레스 대처 방법

○ 셋째 주   이 정도는 할 수 있어요

‖ 목표

1. 학교에서, 가정에서, 또래 관계에서 자기 연령에 맞게 수행할 수 있어야 하는 기술과 규칙, 기능들이 무엇인지 안다.
2. 연령에 맞는 기능을 수행해 낼 수 있는 방법을 찾아본다.
3. 생활 연령에 맞는 기능을 학습할 수 있도록 집단원끼리 서로 격려한다.

‖ 준비물

도화지, 연필, 지우개, 색연필, 사인펜

‖ 활동방법

1. 화지에 자신의 나이에 할 수 있는 것이라고 생각되는 기능이나 기술들을 30개 찾아 나열해 본다.
2. 30개 중 꼭 해야만 하는 일들, 혹은 자신이 잘하는 일들을 골라 9분할회화통합법으로 그림을 그린다.
3. 자신이 그린 그림들을 서로 발표하면서 자신만이 할 수 있다고 생각되는 일들이나 지금은 못하지만 꼭 해야 하는 목록들을 나누고 기록해 본다.
4. 반드시 해야 하지만 아직은 하지 못하는 일들을 수행하기 위해서 자신이 어떤 노력을 해야 할지에 대해 이야기를 나눈다.
5. 활동 후 느낀 점에 대해 이야기를 나눈다.

‖ 주의사항

아동들이 사소하지만 놓칠 수 있는 자신의 역할들을 찾도록 한다.

이 정도는 할 수 있어요

사례 1: 초등 2, 남학생

- 인터넷에서 게임 외에 궁금한 것을 검색해 본다.
- 음식을 만들어 본다(라면, 계란 프라이).
- 동생을 잘 돌본다.
- 엄마 심부름을 한다.
- 자신에 대해 생각해 본다.
- 친구의 장단점을 생각해 본다.

사례 2: 초등 2, 남학생

- 지하철을 혼자 타 본다.
- 병원에 혼자 가 본다.
- 화난다고 얼굴을 긁지 않는다.
- 친구가 있어야 한다.
- 공부를 잘해야 한다.
- 준비물을 잘 챙겨야 한다.
- 공부를 열심히 해야 한다.

사례 3: 초등 4, 여학생

- 달리기를 할 수 있어야 한다.
- 컵라면을 혼자 끓일 수 있어야 한다.
- 컴퓨터에 파일을 설치할 수 있어야 한다.
- 혼자 집을 지킬 수 있어야 한다.
- 밥을 빨리 먹을 수 있어야 한다.
- 혼자 잘 수 있어야 한다.
- 엄마가 장본 것을 들어 드려야 한다.

∥ 다시 한 번 해봐요

○○○야, 이 정도는 할 수 있어야 된다

가정생활 중에서 부모님들이 우리 아이가 이 정도는 수행해 주었으면 좋겠다고
바라는 생활기술이나 사회기술 30개를 부모님에게서 받아 본다.

인간은 누구나 자기 두 손에 비상한 능력을 보유하고 있다.

-스탕달(Stendhal)-

○○○야 , 이 정도는 할 수 있어야 된다

번호	항목	번호	항목
1		18	
2		19	
3		20	
4		21	
5		22	
6		23	
7		24	
8		25	
9		26	
10		27	
11		28	
12		29	
13		30	
14		31	
15		32	
16		33	
17		34	

○ 넷째 주 | **나는 이런 일들이 일어나지 않기를 바란다**

‖ 목표
1. 자신이 갖는 문제 상황이나 상대에게 갖는 갈등을 은유적으로 표현할 수 있는 기회를 제공한다.
2. 자신이 피하고 싶거나 두려워하는 것들을 직면한다.
3. 자신이 갖고 있는 갈등이나 문제 상황을 긍정적으로 해결할 수 있는 방법을 찾는다.

‖ 준비물
도화지, 사인펜, 색연필

‖ 활동방법
1. 새 학년이 되어 새로운 선생님과 새 친구들을 만났을 때 자신에게 절대 일어나지 않기를 바라는 일들을 생각해 보고 목록을 작성한다.
2. 왜 그런 일들이 일어나지 않기를 바라는지 이유를 찾아본 후 가장 피하고 싶은 일을 하나 골라서 그림으로 표현해 본다.
3. 친구들과 자신의 작업에 대해서 이야기를 나눈다.
4. 활동 후 느낀 점에 대해 이야기를 나눈다.

‖ 주의사항
1. 평소 아이들이 학교생활에서 걱정하거나 염려하는 일들을 솔직히 적을 수 있도록 교사와의 충분한 라포가 형성되었을 때 활동을 할 수 있다.
2. 아이들이 걱정하는 것에 대해 충분히 이야기를 나눌 수 있는 시간을 고려하여 활동을 조절한다.

나는 이런 일들이 일어나지 않기를 바란다

▨ **사례 1: 초등 3, 남학생**

공부 군단에게 쫓기는 일은 정말 일어나지 않았으면 좋겠다.

▨ **사례 2: 초등 6, 남학생**

컴퓨터가 고장 나서 게임을 못하게 되는 일은 정말 일어나지 않았으면 좋겠다.

사례 3: 초등 4, 남학생

하루 종일 공부만 하는 일은 없어야 한다.

사례 4: 초등 6, 여학생

친구들이 내가 없는 곳에서 나에 대한 뒷이야기를 하는 일은 없어야 한다.

‖ 다시 한 번 해봐요

일어나지 않기를 바라는 일들이 만약에 일어난다면……
자신에게 일어나지 않기를 바라는 일들의 목록에 대해 만약 그 일들이 일어난다
면 자신이 어떻게 그 일들에 대해 대처할 것이며 해결할 것인지에 대해 생각해
보고 기록해 본다.

사람은 종종 운명을 피하려고 선택한 길에서 운명을 만난다.
-라퐁텐(La Fontaine)-

일어나지 않기를 바라는 일들이 만약에 일어난다면……

일어나지 않았으면 하는 일	만약에 일어난다면 나만의 대처 방법은?

3월

서로를 알아가는 기쁨

새로운 친구 탐색,
새 친구에게 자기 표현하기,
마음을 열어 서로를 알아감,
행복한 만남

첫째 주: 나에 대한 소문들
둘째 주: 친구관계를 방해하는 것들
셋째 주: 나의 분노 인식하기
넷째 주: 나에 대한 부정적인 꼬리말 떼기

○ 첫째 주　　나에 대한 소문들

‖ 목표
1. 나에 대해서 어떤 소문들이 있을까를 생각해 보며 자신에 관해 탐색한다.
2. 나에 대한 부정적 소문을 중단시키고, 긍정적 소문을 유지시킬 방법을 찾아본다.

‖ 준비물
A4 용지 또는 도화지, 색연필, 사인펜

‖ 활동방법
1. 나에 대한 소문은 도대체 어떤 내용일까 생각해 보고 나에 대한 소문을 글과 그림으로 표현해 본다.
2. 글과 그림을 그린 종이로 비행기를 접어 날려 보며 소문이 나와는 상관없이 이리저리 날아다니는 것을 시연해 본다.
3. 자신과 관련된 소문이 무엇인지, 그리고 자신에 관한 소문을 듣게 되었을 때 기분은 어떠할 것 같은지 발표하면서 이야기를 나눈다.
4. 소문의 내용이 부정적이라면 자신이 어떻게 그 소문을 중단시킬 것인지에 대해, 그리고 소문의 내용이 긍정적인 것이라면 어떻게 그 소문을 유지시킬 것인지에 대한 방법을 찾아보고, 다른 친구들의 의견도 들어본다.
5. 활동 후 느낀 점에 대해 이야기를 나눈다.

‖ 주의사항
1. 그림을 그린 후 그림에 관해 이야기할 수 있는 충분한 시간을 가진다.
2. 비행기를 날릴 때 아동들이 여러 방향에서 여러 번 날릴 수 있도록 기회를 제공한다.

나에 대한 소문들

◣ 사례 1: 초등 6, 남학생

- 날 만지면 썩는다는 소문이 있었는데 그 소문이 계속 퍼지려나?
- 학원 애들이 소문 퍼트려서 학교 애들이 날 만만하게 볼지도?
- 학원이랑 학교랑 먼데 설마 애들이 소문을 퍼트리겠나?

◣ 사례 2: 중 1, 남학생

- 착한 애라서 친구들을 안 때릴 줄 알았는데 알고 보니 정말 나쁜 애구나(작은 모습이 아동 자신이다.).

◣ 사례 3: 초등 6, 여학생

- 거짓말을 잘한다.
- 뒷말을 잘한다.
- 변태다(남자애들과 많이 노는 것).

‖ 다시 한 번 해봐요

나쁜 소문을 중단시키기 위한 나의 노력

자신의 소문이 나쁘게 나지 않도록 하기 위해서 자신이 꼭 지켜야 할 행동이나

참아야 할 행동이 무엇인지 적어 오기

진정한 웅변은, 필요한 말을 전부 말하지 않고, 필요치 않은 것은 일체 말하지

않는 것이다.

-라로슈푸코(La Rochefoucauld)-

나쁜 소문을 중단시키기 위한 나의 노력

나에 관한 소문

내 소문이 나쁘게 나지 않도록 하기 위해 내가 꼭 지켜야 할 행동이나 참아야 할 행동은?

요일	소문이 퍼지지 않도록 어떻게 행동했나요? 무엇을 참았나요?

○ 둘째 주　친구관계를 방해하는 것들

‖ 목표
1. 긍정적인 친구관계를 방해하는 자신의 행동, 말, 습관을 긍정적으로 바꾼다.
2. 나의 행동, 말, 습관의 변화로 친구와 긍정적이고 원만한 관계를 형성한다.

‖ 준비물
A4 용지, 사인펜, 색연필

‖ 활동방법
1. 자신의 친구들과 자신과의 관계에 대해 생각해 본다.
2. 자신의 어떤 행동이 친구와의 긍정적인 친구관계를 유지하는 데 방해가 되는
   지 생각해 보고, 표현해 본다.
3. 사소한 행동이나 말의 습관이라도 그것이 친구와의 다툼을 유발하거나 관계
   를 소원하게 하는 부분이 있으면 표현해 보도록 한다.
4. 친구들과 자신의 그림에 대해 발표하고 나누는 시간을 가진다.
5. 발표 후 친구와의 관계를 방해하는 자신의 행동이나 말을 어떻게 긍정적으로
   바꿀 것인지 구체적인 행동과 언어로 표현해 본다.
6. 활동 후 느낀 점에 대해 이야기를 나눈다.

‖ 주의사항
아동들이 다른 사람에게서 문제점을 발견하기에 앞서 나를 돌아보는 시간을 갖
도록 돕는다.

친구관계를 방해하는 것들

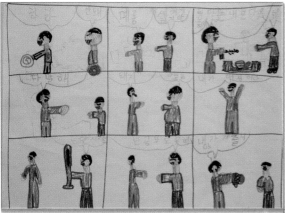

사례 1: 초등 1, 남학생

- 친구가 놀 때 뺏기
- 세치기
- 형 놀리기
- 고자질 대장만 고집하기
- 친구 왕따
- 친구 물건 가져가기

사례 2: 초등 5, 남학생

- 때리는 것   • 놀리는 것
- 욕하는 것   • 말다툼
- 선생님이나 부모님에게 고자질
- 친구와 싸움하는 것
- 친구가 말할 때 무시하는 것
- 친구와 절교하는 것
- 친구의 부탁 거절하는 것

사례 3: 초등 6, 남학생

- 이유 없이 욕하기
- 가만히 있는 친구 건드리기
- 친구 싸울 때 같이 때리기
- 이유 없이 놀리기
- 걸레로 치기
- 앞 사람 의자 발로 차기
- 분필 묻힌 지우개 던지기
- 시험성적이 낮은 것
- 욕하는 메시지 보내기

‖ 다시 한 번 해봐요

나의 행동이나 말 바꾸기
친구와의 관계를 방해하는 자신의 행동이나 말을 긍정적으로 바꾸어 직접 실천
해 본다.

오직 뉘우친 행동을 완전히 고쳤을 때, 회개는 비로소 실천되는 것이다.
-톨스토이(Tolstoi)-

나의 행동이나 말 바꾸기

나쁜 행동이나 말	어떻게 바꿀까요?	실천했나요?

| 셋째 주 | 나의 분노 인식하기 |

‖ 목표

1. 평상시 나를 화나게 하는 상황이나 말을 알아본다.
2. 화나는 상황이나 말을 들었을 때 나는 어떤 반응을 보이는지 알아본다.
3. 친구들은 어떤 상황에서 화가 나는지 알아본다.
4. 내가 화를 냈을 때 주변에 어떤 영향을 미치는지 알아본다.

‖ 준비물

색 전지, 스티커, 풀, 활동지, 연필, 지우개, 사인펜

‖ 활동방법

1. 눈을 감고 나를 화나게 하는 상황이나 말을 생각한다.
2. 활동지에 화가 나는 상황과 화가 나는 말을 나누어 각각 8가지 이상 적어 본다.
3. 자신이 적은 화가 나는 상황과 화가 나는 말로 나누어 적은 글을 오려서 색 전지에 친구들의 것과 함께 붙인다.
4. 색 전지에 붙여 전시된 목록들을 보고 자신이 가장 화가 나는 상황이나 친구들이 가장 화가 날 것 같은 상황을 5가지 골라 스티커를 붙인다.
5. Best 5 목록의 상황을 아동들이 직접 실제로 연기해 보고 그 상황에 자신은 어떻게 반응하는지 역할극을 한다.
6. 활동 후 느낀 점에 대해 이야기를 나눈다.

‖ 주의사항

감정은 자연스러운 것이며 옳고 그른 것이 없다는 것을 설명한다.

나의 분노 인식하기

화가 나는 상황

- 내가 물었을 때 대답 안 할 때
- 억지로 어디 데려갈 때
- 수학 문제 잘 안 풀릴 때
- 뭐 뺏어 먹을 때
- 동생이 내가 만든 것 부술 때

▶ 사례 1: 초등 3, 남학생

화가 나는 상황

- 내가 물었을 때 대답 안 할 때
- 억지로 어디 데려갈 때
- 수학 문제 잘 안 풀릴 때
- 뭐 뺏어 먹을 때
- 동생이 내가 만든 것 부술 때

들으면 화가 나는 말

재 머리 무지 크다

전부 니 때문이다

니는 그렇게밖에 못하나?

재 빼고 가자

머리 좀 잘라라

니가 알아서 좀 해라

정신 차려라

한번 말하면 제발 좀 들어라

▶ 사례 2: 초등 6, 여학생

들으면 화가 나는 말

- 재 머리 무지 크다.
- 전부 니 때문이다.
- 니는 그렇게 밖에 못하나?
- 재 빼고 가자.
- 머리 좀 잘라라.
- 니가 알아서 좀 해라.
- 정신 차려라.
- 한번 말하면 제발 좀 들어라.

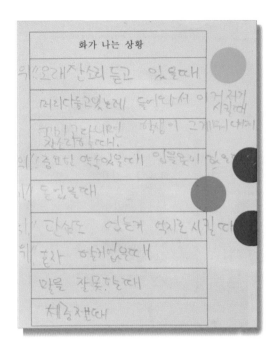

사례 3: 초등 1, 남학생

화가 나는 상황

- 오래 잔소리 듣고 있을 때
- 머리 다듬고 있는데 이것저것 시킬 때
- 돈 없을 때
- 관심도 없는 일 억지로 시킬 때
- 혼자 할 것 없을 때
- 말을 잘 못할 때

사례 4: 초등 6, 여학생

들으면 화가 나는 말

- 1,000kg
- 그것도 못하나?
- 그만 자.
- 밥 먹지 마.
- 눈이 썩었나?
- 훔쳐가지 마.

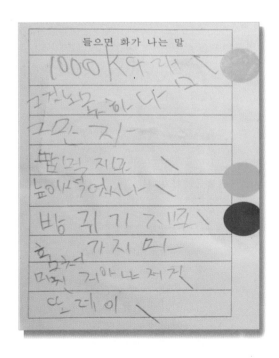

‖ 다시 한 번 해봐요

파장 효과
파장 효과에 대해 설명해 주고 활동지로 미리 연습을 해 본다.
일주일 동안 나를 화나게 하였던 상황이나 말, 또는 내가 화나는 상황에 반응하
면서 다른 사람들에게 영향을 미치게 된 파장 효과를 적어 본다.

늦추는 것은 분노의 가장 좋은 약이다.

−세네카(Seneca)−

일주일 동안 내가 듣고 기분이 나쁘거나 화가 나서 화를 냄으로 인해 다른 사람들에게 영향을 미치게 된 파장 효과에 대해 생각해 보고 기록해 봅니다.

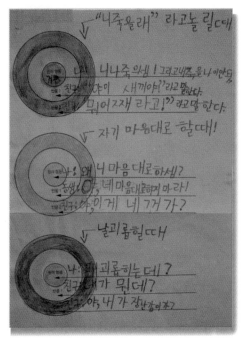

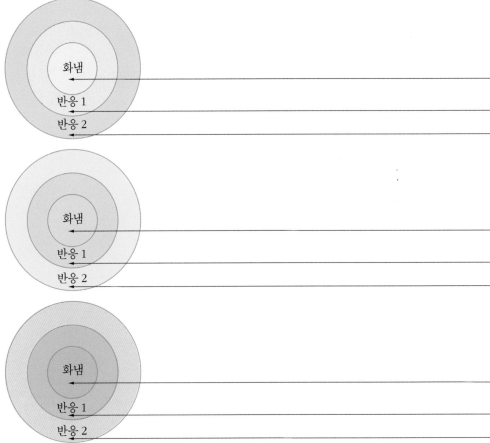

○ 넷째 주   **나에 대한 부정적인 꼬리말 떼기**

‖목표
1. 지금까지 학교나 가정에서 자신에게 붙여진 부정적인 호칭이나, 별명 등 자신에게 붙여진 꼬리말이 붙여진 이유에 대해 생각해 본다.
2. 자신에게 붙여진 꼬리말을 떼기 위해 무엇을 해야 하는지 해결점을 발견하고 실천한다.

‖준비물
큰 비닐(김장용 비닐), 색종이나 종이, 유성매직, 풀, 가위, 테이프

‖활동방법
1. 가정이나 학교에서 자신에게 붙여진 꼬리말을 생각해 보고 그림과 글로 적어 본다.
2. 내가 표현한 나의 꼬리말들을 오려서 비닐에 자유롭게 붙인다.
3. 자신의 이름이나 자신을 상징하는 꼬리말이 붙여진 비닐을 덮어 씌어 보고 그 느낌을 이야기해 본다.
4. 비닐을 덮어썼을 때의 답답함과 불편함처럼 그 꼬리말들이 자신을 어떻게 힘들게 하는지 생각하고 이야기를 나눈다.
5. 자신에게 왜 이런 이름, 꼬리말, 별명 등이 붙여졌는지 생각하고 충분한 자기 변명의 기회와 자기 개선점을 생각하고 기록한다.
6. 기록한 내용을 발표하고 자신에게 붙여진 꼬리말을 뗄 수 있을 정도의 이유와 해결책을 찾으면 크게 소리 지르며 덮어쓴 비닐을 손으로 찢어내고 꼬리말에서 벗어나는 쾌감을 간접적으로 느껴 본다.
7. 활동 후 느낀 점에 대해 이야기를 나눈다.

‖ 주의사항

1. 아동들이 비닐에 그림이나 글을 적을 때 옷에 묻지 않도록 토시를 준비하거나 주의를 준다.

2. 꼬리말이 적힌 비닐이 잘 찢어지지 않을 경우 교사가 약간의 흠집을 내어 주어 부정적인 꼬리말이 빨리 사라지는 효과를 준다.

3. 자신의 꼬리말이 적힌 비닐이 잘 찢겨지지 않을 때 친구들이 함께 찢을 수 있도록 하는 것도 좋은 방법이다.

나에 대한 부정적 꼬리말 떼기

\ **사례: 초등 4, 5학년 남학생 그룹**

활동 1
아동들이 자신에게 붙여진 꼬리말을 비닐
에 적고 있다.

활동 2
꼬리말이 쓰어 있는 비닐을 덮어 쓰고 있다.

활동 3
자신에 관한 꼬리말이 붙은 비닐을 찢고
있다.

활동 4
다른 친구들의 꼬리말이 쓰여 있는 비닐을
함께 찢어 주고 있다.

▌다시 한 번 해봐요

새로운 Trade Mark 만들기(나의 자랑스러운 Trade Mark)
자신에게 새롭게 붙여질 좋은 꼬리말을 생각해 보고 어떻게 하면 그 말을 얻을
수 있을지 방법을 찾아 적어본다.

다른 사람이 걸어간 길을 걸어가 보기 전에는 결코 그를 이해할 수 없다.
－이드리스 샤흐(Idries Shah)－

나의 자랑스러운 Trade Mark (나에게 이런 꼬리말을 붙여다오)

새롭게 불릴 나의 이름	이유

4월

조금 더 깊이 친구를 알아가요

친구를 존중해 주기,
친구에게 도움 주기,
신뢰로운 친구
관계를 만들어 가기

첫째 주: 친구 얼굴 그려 주기
둘째 주: 도움 주고받기
셋째 주: 색종이 접어 공통점 찾기
넷째 주: 내 친구로부터 배울 것 Best 5

○ 첫째 주   **친구 얼굴 그려 주기**

‖ 목표

1. 친구 얼굴을 자세히 관찰하고 그리는 동안 친구와의 관계 맺음에 대해 생각한다.
2. 자화상과 좋아하는 것을 그림으로 선물 받음으로써 친구로부터 존중받고 있음을 경험한다.

‖ 준비물

도화지, 4B 연필, 지우개, 크레파스

‖ 활동방법

1. 친구의 얼굴을 자세히 들여다보며 관찰하면서 보이는 모습 그대로 친구의 얼굴을 그려 본다.
2. 친구의 표정이나 모습을 살펴보며 친구의 감정을 같이 느껴 본다.
3. 친구 얼굴이 완성되면 친구가 좋아하는 것이 무엇인지 물어보고 친구의 얼굴 주변에 선물을 그려 준다.
4. 활동 후 느낀 점에 대해 이야기를 나눈다.

‖ 주의사항

아동이 친구의 얼굴을 그릴 때 친구의 특징을 잘 관찰하고 정성스럽게 그리도록 유도한다.

친구 얼굴 그려 주기

▨ **사례 1: 초등 4, 남학생**

컴퓨터를 좋아하는 친구에게 최신형 컴퓨터를 선물로 그려 주었다.

▨ **사례 2: 초등 5, 여학생**

책 읽기를 좋아하는 친구에게 책을 선물로 그려 주었다.

▲ 사례 3: 중 1, 남학생

중학생이 되어 교복을 입은 모습의 친구
를 그려 주었다. 만화영화를 좋아하는 친
구를 위해 만화주인공 캐릭터를 그렸다.

▲ 사례 4: 중 1, 남학생

양복을 입은 친구의 모습을 그려 주었다.
TV에서 방영된 시트콤을 좋아하는 친구
를 위해 TV에 〈거침없이 하이킥〉을 적어
놓았다.

‖ 다시 한 번 해봐요

친구의 특별하거나 멋있는 부분 발견하기
우리 반 친구들의 멋있고 특별한 부분을 관찰하고 적으면서 친구 각자가 가지고
있는 장점을 발견한다.

친구가 되려는 마음을 갖는 것은 간단하지만, 우정을 이루기까지는 많은 시간이
걸린다.
　　　　　　　　　　　　　　　　　　　　　　　　　　　－아리스토텔레스(Aristoteles)－

친구의 특별하거나 멋있는 부분 발견하기

친구 이름	특별하거나 멋있는 것

○ 둘째 주　　**도움 주고받기**

‖ 목표

1. 자신이 필요한 재료를 얻기 위해 예의 바르게 요청할 수 있다.

2. 자신이 필요한 것을 얻기 위해 순서를 지켜 기다릴 수 있다.

3. 자신이 구상한 작업에 맞게 친구에게 도움을 요청할 수 있다.

4. 친구가 설명하는 것을 듣고 친구의 의도를 파악하여 도움을 줄 수 있다.

‖ 준비물

1그룹-가위, 풀, 잡지, 크레파스, 마분지, 부직포, 색종이

2그룹-가위, 콩, 지끈, 목공풀, 스티커, 리본 끈, 면봉

‖ 활동방법

1. 교사는 1그룹(색종이, 가위, 풀, 잡지, 크레파스, 부직포 등)의 준비물과 2그룹(가위, 콩, 지끈, 목공풀, 스티커, 리본 끈, 면봉 등)의 준비물을 나누어 놓는다.

2. 가위바위보로 1그룹과 2그룹으로 나눈다(예: 이긴 사람-1그룹, 진 사람-2그룹).

3. 교사는 1그룹과 2그룹에게 준비된 재료를 나누어 주고, 아동들은 각자 1가지씩 재료를 나누어 갖는다.

4. 아동들은 자신이 원하는 작품을 만들기 위해서 필요한 준비물을 가진 친구에게 자신이 의도한 모습 그대로 사용해 줄 것을 요청한다.

5. 부탁을 받은 친구는 자신이 갖고 있는 재료를 원하는 친구의 의도와 설명을 잘 파악하고 재료를 사용하여 도움을 준다.

6. 자신의 작품에 친구들이 가지고 있는 재료가 한 번씩은 모두 사용되어야 한다.

7. 자신이 갖고 있는 재료를 다른 친구에게 빌려주거나 넘겨줄 수 없으며 또 자신이 원하는 재료일지라도 자신이 가지고 있는 재료가 아니라면 자신이 직접 사용하지는 못하고 반드시 친구에게 설명하고 요청을 하여야 한다.

6. 활동 후 느낀 점에 대해 이야기를 나눈다.

∥ 주의사항

1. 교사는 아동에게 자신의 작품에 직접 사용할 수 있는 것은 자신이 가지고 있는 재료 하나뿐임을 강조하고 필요한 재료를 가지고 있는 친구에게 요청하여야 함을 정확하게 설명한다.

2. 아동 자신이 필요로 하는 재료를 얻기 위한 한 방법은 정확한 설명이며 설명을 들은 친구는 설명한 친구의 의도대로 자신이 갖고 있는 재료를 사용하여 친구의 작품에 도움을 주어야 한다.

3. 교사는 아동들이 자신의 의도를 정확하게 표현하고 전달하고 있는지를 계속 확인한다.

4. 자신의 의도를 설명하지 않거나 친구의 의도를 제대로 듣지 않고 재료를 사용하는 일이 없도록 한다.

5. 1그룹의 재료와 2그룹의 재료가 섞이지 않도록 주의한다.

도움 주고받기

◥ **사례 1: 제1그룹 초등 3, 남학생**

제목: 우주

◥ **사례 2: 제1그룹   초등 2, 남학생**

제목: 기차여행

사례 3: 제2그룹 초등 6, 여학생

제목: 동물의 왕국

사례 4: 제2그룹 초등 5, 여학생

제목: 봄동산

‖ 다시 한 번 해봐요

친구의 필요에 도움 주기
일주일 동안 학교에서 친구가 자신에게 직접 도움을 요청하지 않더라도 친구의
상황, 표정, 행동 등을 관찰하여 친구가 원하거나 필요한 것이 무엇인지 파악하
여 미리 도움을 주는 경험을 해 봄으로써 친구에게 민감해지는 연습을 해 본다.

손이 두 개인 것은 하나는 자신을 위한 것이고 나머지 다른 하나는 남을 위해 쓰라
고 있는 것이다.

-오드리 헵번(Audrey Hepburn)-

친구의 필요에 도움 주기

요일	친구 누구?	내가 알아차린 친구의 필요는?	내가 준 도움

○ 셋째 주 | **색종이 접어 공통점 찾기**

‖ 목표
질문과 대화를 통해 친구와 상호작용하는 방법과 서로를 알아가는 기쁨을 느껴
본다.

‖ 준비물
색종이, 가위, 전지, 풀

‖ 활동방법
1. 자신이 좋아하는 색으로 색종이 두 장을 고른다.
2. 색종이 한 장을 16등분으로 접어서 자른 뒤, 16조각의 색종이를 교사의 지시
   대로 접고,[2] 같은 방법으로 접은 16조각을 나머지 한 장의 색종이에 자유롭게
   배열하여 붙인다.
3. 작품이 완성되면 전지 위에다 아동들의 작품을 붙여서 서로 감상하는 시간을
   가진다.
4. 친구들의 작품과 비교하여 색상이나 배열 모양들을 살펴보고, 자기 작품과 가
   장 비슷한 친구를 찾아가서 자신과 실제로 공통점이 있는지 대화와 질문을 통
   해 관계를 맺는 경험을 한다.
5. 활동 후 느낀 점에 대해 이야기를 나눈다.

‖ 주의사항
색종이 조각이 너무 적어 잘 다루지 못하는 아동은 교사에게 도움을 요청하도록
하고 최대한 아동이 스스로 할 수 있도록 최소한의 도움을 준다.

---

2) 색종이 접기: 교사는 미리 간단한 모양의 색종이 접기를 결정하고 방법을 숙지하여 둔다.

색종이 접어 공통점 찾기

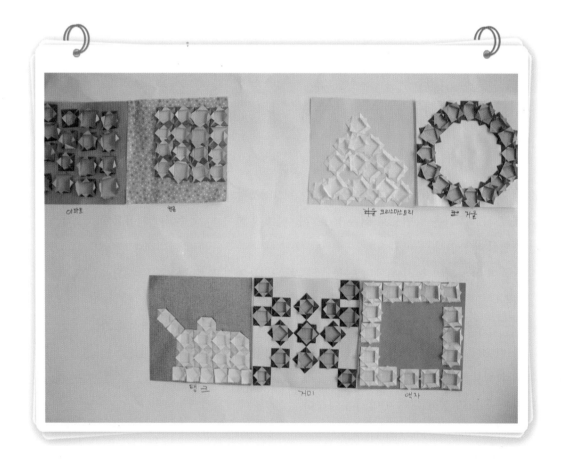

조각 접기는 같지만 접은 조각을 붙인 모습은 다양하다. 거미, 창문, 아파트, 탱크, 액자 등 여러 가지 모습을 표현했다.
자신의 작품과 비슷한 것이 한 가지라도 있는 친구에게 가서 자신과 친구가 어떤 공통점이 있는지 찾아보았다.

Ⅱ 다시 한 번 해봐요

나와 비슷한 친구
우리 반에서 키나 외모, 취미, 성격, 관심사 등이 나와 가장 비슷한 친구 찾아
보기

내 친구는 완벽하지 않다. 나도 마찬가지다. 그래서 우리는 너무나 잘 맞는다.
－포프(Pope)－

나와 비슷한 친구

비슷한 유형	친구 이름	어떻게 비슷한가?
키나 외모가 비슷한 친구		
취미가 비슷한 친구		
성격이 비슷한 친구		
관심사가 비슷한 친구		
즐겨 입는 옷이 비슷한 친구		
비슷한 친구를 찾고 느낀 점		

넷째 주   ○

내 친구로부터 배울 것 Best 5

‖ 목표

1. 친구들에게서 본받아야 할 행동의 목록을 만들면서 내가 배워야 할 것은 어떤 것인지 생각한다.
2. 자신이 속한 팀의 특징과 장점, 재미난 점들을 발견하고 팀 구성원들의 장점을 발견하며 팀과 하나가 된다.
3. 자신의 주장을 펼치고 다른 사람의 의견을 존중하면서 친구들과 적절한 상호 작용을 한다.

‖ 준비물

도화지, 사인펜

‖ 활동방법

1. 개별 활동

1) 각자 생각나는 친구들 중 본받아야 할 행동들을 기록한다.
2) 기록한 목록 중에서 Best 5를 선정하고 그림과 함께 종이에 적는다.
3) 자신이 정한 Best 5를 친구들 앞에서 시연하고, 그 목록을 정한 이유를 말한다.
4) 친구들이 뽑은 Best 5중에서 가장 기억에 남거나 본받고 싶은 행동들을 돌아가면서 말한다.
5) 활동 후 느낀 점에 대해 이야기를 나눈다.

2. 팀 활동

1) 우리 팀이 가지고 있는 장점이나 특징들을 서로 의논하여 적는다.

2) 기록한 목록 중에서 Best 5를 정하여 그림으로 표현해 보고 발표한다.

3) 상대팀의 발표 중 인상적이었거나 재미있었던 것 등을 서로 나눈다.

4) 활동 후 느낀 점에 대해 이야기 나눈다.

‖ 주의사항

1. 개별 활동 시 친구의 Best 5를 발표할 때 경청하고 공감하는 시간을 충분히 가진다.

2. 그룹 활동 시에는 그룹에 속한 개인의 특징이나 장점이 아닌 그룹 전체의 특징과 장점을 찾도록 한다.

내 친구로부터 배울 것 Best 5

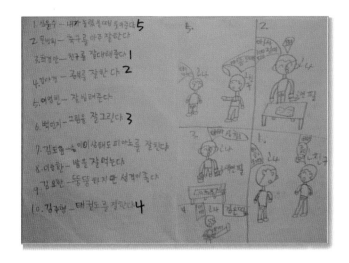

■ 사례 1: 초등 3, 남학생

최○○ - 친구를 잘 대해 준다.
김○○ - 공부를 잘한다.
백○○ - 그림을 잘 그린다.
김○○ - 태권도를 잘한다.
심○○ - 내가 놀렸을 때 웃어 준다.

■ 사례 2: 초등 2, 남학생

김○○ - 항상 웃는다.
권○○ - 축구를 잘한다.
김○○ - 피아노를 잘 친다.
권○○ - 무엇이든 최선을 다 한다.
김○○ - 항상 또박또박 말한다.

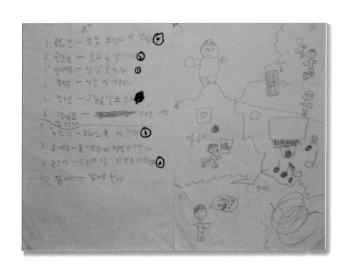

‖ 다시 한 번 해봐요

우리 반 친구들의 장래희망 베스트 5
우리 반 아이들 중 적어도 15명 이상에게 장래 희망을 조사해 보면서 자신의 장래 희망과 어떤 점이 다르고 비슷한지 알아보고, 그 결과를 도표화해 본다.

청년이 세상 물정을 배우는 것은 연장자가 아닌 같은 또래로부터다.

-골드스미스(Goldsmith)-

우리 반 친구들의 장래희망

친구 이름	장래희망	친구 이름	장래희망

우리 반 친구들의 장래희망 Best 5

1.	
2.	
3.	
4.	
5.	

베스트 5 / 인원수	1	2	3	4	5	6	7	8	9	10	11	12	13	14	15

5월

5월은 가정의 달

가족은 한 끈으로 연결된 체계,
내 문제가 곧 가족의 문제,
가족이 서로 사랑하고 친해지기,
가족, 친지, 친구 관계 속의
즐거움 느끼기

첫째 주: 가족 모빌
둘째 주: 장점과 소망나무
셋째 주: 나만의 특별한 기념일
넷째 주: 세상에서 단 하나뿐인 5월의 달력

Rest for a moment

○ 첫째 주 **가족 모빌**

‖ 목표

1. 가족 구성원의 특징과 심리적 중요도를 깨닫는다.
2. 가족이 모두 연결된 체계임을 깨닫는다.
3. 자신의 문제와 변화가 가족 모두에게 영향을 미친다는 것을 깨닫는다.

‖ 준비물

도화지, 색연필, 사인펜, 셀로판테이프, 실, 나무젓가락

‖ 활동방법

1. 도화지에 가족 구성원 모두를 자유롭게 그린다.
2. 그려진 가족 구성원들을 각각 오려서 나무젓가락과 실 등을 이용하여 모빌을 만든다.
3. 가족 구성원 중 하나를 건드리면 가족 모빌이 모두 흔들리는 모습을 관찰하고 서로 연결되어 있음을 느껴 본다.
4. 자신의 문제점을 하나 적어 모빌 중 내 모습에 붙인다.
5. 가족 모빌이 자신의 문제 때문에 균형을 잃고 흔들리고 기우는 모습을 보면서 자신의 문제가 다른 가족에게 미치는 영향을 시각화시켜 느껴 본다.
6. 자신의 문제점에 대한 해결책을 찾는다.
7. 해결책을 적용하고 문제가 해결되면 문제점을 떼어내고 가족 모빌이 다시 균형을 찾는 것을 보면서 가족관계에 대해 다시 느껴 본다.
8. 활동 후 느낀 점에 대해 이야기를 나눈다.

‖ 주의사항

1. 교사는 나무젓가락 두 개를 십자모양으로 만들 때 중심이 잘 잡히도록 도움을

　　주고 젓가락 가운데를 실로 잘 고정한다.

2. 가족의 그림을 매단 후에도 모빌이 균형을 유지하도록 실의 길이나 나무젓가
　락에 매다는 위치를 정확하게 잡도록 한다.

가족 모빌

＼ 사례 1: 초등 3, 남학생

• 나의 문제: 내가 한 일에 대해 핑계를 댄다.
• 해결 방법: 내가 잘 못한 일에 대해서 솔
　　　　　　직하게 인정한다.

＼ 사례 2: 초등 2, 남학생

• 나의 문제: 나는 자주 짜증을 심하게 내
　　　　　　거나 화를 낸다.
• 해결 방법: 짜증나고 화가 나는 일이 있
　　　　　　으면 밖에 나가 산책을 한다.

‖ 다시 한 번 해봐요

우리는 서로 연결되어 있어요
사소한 문제라도 가족 구성원 중 한 사람의 문제가 가족의 균형에 어떤 영향을
미쳤는지 일주일 동안 찾아보고 확인해 본다.

이 세상에 태어나 우리가 경험하는 가장 멋진 일은 가족의 사랑을 배우는 것이다.
-조지 맥도널드(George MacDonald)-

우리는 서로 연결되어 있어요

누구에게 어떤 사건이 일어났나요?	
그 문제로 우리 가족은 어떤 영향을 받았나요?	
느낀 점	

둘째 주 | 장점과 소망나무

‖ 목표

1. 우리 가족 구성원의 장점은 무엇인지 깨닫는다.
2. 가족의 소망이 무엇인지를 알아봄으로써 가족 간의 화합과 친목을 도모한다.

‖ 준비물

색종이, 도화지, 크레파스, 사인펜, 풀

‖ 활동방법

1. 도화지에 나무를 그린 다음 색종이를 잘라서 나뭇잎 여러 개와 열매를 만든다.
2. 우리 가족 구성원 각자의 장점을 나뭇잎에 기록한다.
3. 우리 가족의 소망이 무엇인지 열매에 적어 본다.
4. 나무를 잘 가꿔서 우리 가족의 장점이 더욱 커지고, 우리 가족의 소망이 꼭 이루어지기를 소원하며 우리 가족의 소망나무를 꾸며 본다.
5. 활동 후 느낀 점에 대해 이야기를 나눈다.

‖ 주의사항

가족의 장점이나 소망을 적을 때 가족 개인의 소망뿐 아니라 가족 전체의 장점이나 소망을 적어 보도록 한다.

장점과 소망나무

\ 사례 1: 초등 3, 남학생

장점
- 동생은 양치질을 깨끗이 한다.
- 나는 아무거나 잘 먹는다.
- 나는 욕을 하지 않는다.
- 혼자 지하철을 탄다.
- 우리는 달고나를 잘 만든다.
- 엄마는 김밥을 잘 만든다.

소망
- 제주도로 여행 가고 싶다.
- 큰 집에서 살고 싶다.
- 부자 되고 싶다.
- 세계 유명 유적지에 가고 싶다.
- 서로 도와주면서 살고 싶다.

\ 사례 2: 초등 4, 남학생

장점
- 축구를 잘한다.
- 혼자 어디든 잘 간다.
- 잘 논다.
- 별명을 잘 붙인다.
- 꾀를 잘 부린다.

소망
- 100일 동안 쉬고 싶다.
- 우리 가족이 행복하게 지냈으면 좋겠다.
- 하고 싶은 걸 하고 싶다.
- 98일 동안 컴퓨터를 하고 싶다.
- 요리사가 되어 맛있는 것을 만들어 먹고 싶다.

‖ 다시 한 번 해봐요

우리 가족은요……

가족 구성원이 좋아하는 것, 고쳤으면 하는 것, 가족이 가지고 있는 특성들, 우리 가족만이 잘할 수 있는 것을 찾아 적으면서 가족의 특성과 장점 등을 통해 가족에 대한 이해와 애정을 돈독히 한다.

가정은 누구나 '있는 그대로'의 자기를 표시할 수 있는 유일한 장소다.

−A. 모루아(Andrè Maurois)−

우리 가족은요……

우리 가족	
좋아하는 것	
우리 가족만이 가지고 있는 특성	
우리 가족만이 잘할 수 있는 것	
우리 가족이 고쳐야 할 것	

○ 셋째 주 　나만의 특별한 기념일

‖ 목표
1. 기념하고 싶은 자신만의 기념일을 만들어 자신이 관심 있고 흥미 있어 하는 부분이 어떤 것인지 생각하고 깨닫는다.
2. 자신만의 상상을 현실화시켜 즐겨봄으로써 자존감을 높인다.

‖ 준비물
색 도화지, 사인펜, 매직, 스티커, 반짝이 풀 등 꾸미기 재료

‖ 활동방법
1. 공휴일과 기념일에 대해 서로 이야기 나누는 시간을 가진다.
2. 자신이 만들고 싶은 기념일을 정하여 그 날 어떤 행사를 하고, 어떤 선물을 주고받으며 누구랑 함께 보내고 싶은지 생각해 본다.
3. 자신만의 기념일에 초대할 사람들을 위한 초대장을 만들어 본다.
4. 초대장에는 그 기념일에 대한 간단한 설명과 그 행사에 초대할 사람, 그 날에 할 일 등을 기록해서 멋지게 꾸며본다.
5. 활동 후 느낀 점에 대해 이야기를 나눈다.

‖ 주의사항
초대장에 꼭 넣어야 할 사항들이 빠지지 않도록 주의한다.

나만의 특별한 기념일

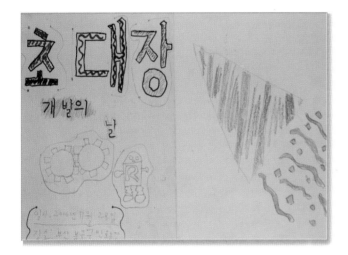

◥ 사례 1: 초등 4, 여학생

개발의 날

개발의 날에 초대합니다.
여러 회사에서 개발품을 뽐내고 개발왕을
뽑을 예정입니다. 그리고 참가하신 분은
개발품의 성능을 확인해 볼 수 있으니 많
이 참여하시기 바랍니다.
장소: ○○○ 운동장
날짜: 2006년 7월 28일

◥ 사례 2: 초등 3, 남학생

로봇의 날

여러분께 로봇을 1개씩 드리고 싶어요. 아
주 싸답니다.
장소: ○○○ 초등학교
날짜: 5월 11일

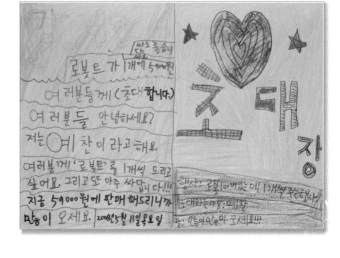

‖ 다시 한 번 해봐요

나의 기념일 지키기
초대장을 만들고 초대장에 적은 내용대로 기념일을 지키고 느낌을 기록해 본다.

아무리 애쓰거나, 어디를 방랑하든, 우리의 피로한 희망은 평온을 찾아 가정으로
되돌아온다.

-올리버 골드스미스(Oliver Goldsmith)-

나의 기념일 지키기

언제, 어디서 했나요?	
누구랑 함께 했나요?	
무엇을 했나요?	
기념일을 지키면서 재미있었던 일, 느낀 점	
부모님 확인	

넷째 주 · **세상에서 단 하나뿐인 5월의 달력**

‖ 목표

1. 5월 가정의 달을 맞아 나와 가족, 친지, 친구와 관련된 여러 가지 스케줄을 계획하여 달력을 만든다.
2. 달력에 적힌 스케줄을 실천하면서 가족, 친지, 친구의 중요성을 깨닫는다.

‖ 준비물

B4 용지, 색 마분지, 크레파스, 사인펜, 색연필, 가위, 풀

‖ 활동방법

1. 5월 달력을 보면서 5월은 며칠인지, 기존의 기념일에는 어떤 날들이 있는지 확인한다.
2. 5월은 하루하루가 모두 기념일이란 생각을 가지고 자신을 위한 날, 부모님의 날, 선생님의 날, 친구의 날 등을 자신이 원하는 날짜에 자신만의 기념일을 정한다.
3. 용지에 달력을 그린 후 자신이 정한 기념일을 기록하고 꾸민다. 또 그 기념일에 어떤 행사를 할 것인지 기록한다.
4. 기록한 달력을 꾸미고 색 마분지에 붙인다.
5. 친구들과 달력을 어떻게 만들었는지 서로 이야기를 나누고 서로의 계획에서 어떤 차이가 있는지 살펴본다.
6. 활동 후 느낀 점에 대해 이야기를 나눈다.

‖ 주의사항

1. 아동이 쉽게 실천할 수 있는 것들을 목록에 적도록 한다.
2. 달력에 적은 것을 꼭 실천하도록 유도한다.

세상에서 단 하나뿐인 5월의 달력(초등 3, 남학생 작품)

일	월	화	수	목	금	토
		1 여자친구에게 고백하는 날	2 산책하는 날	3 1시간 10분 게임 적게 하는 날	4 놀러갈 계획 세우는 날	5 어린이날
6 카드 쓰는 날	7 선물 준비하는 날	8 어버이 날	9 친절한 날	10 솔직해지는 날	11 참아주는 날	12 목욕 가는 날
13 까불지 않는 날	14 선생님께 편지 보내는 날	15 스승의 날	16 친구에게 한턱 쏘는 날	17 친구 도와주는 날	18 엄마 안아주는 날	19 자유의 날
20 부모님 도와주는 날	21 저금하는 날	22 여자친구에게 선물 보내는 날	23 친척 집에 가는 날	24 선생님 말씀 잘 듣는 날	25 동생과 놀아주는 날	26 웃는 날
27 편지 쓰는 날	28 떠들지 않는 날	29 심부름 하는 날	30 부끄러울 때 용 감하게 사는 날	31 가족이 해달라 면 다 해 주는 날		

세상에서 단 하나뿐인 5월의 달력(그림)

초등 3, 남학생 작품

초등학교 3학년다운 내용과 쉽게 적용할 수 있는 것들을 날짜별로 작성하고, 실제로 한 달 동안 잘 실천해 왔다.

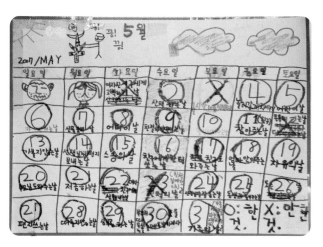

‖ 다시 한 번 해봐요

달력 기념일 실천하기
자신이 만든 달력을 자신의 방에 붙여 놓고 자신이 정한 기념일을 한 달 동안 실천하고 느낌을 기록해 본다.

행복한 가정은 미리 누리는 천국이다.

-R. 브라우닝(Robert Browning)-

6월

관계 속에서 힘든 마음 다루기

스트레스 상황에서의 심리적 이완,
관계 속에서 힘든 상황을 피할 수
있는 안전한 곳, 마음이 힘듦에
적극적으로 대처하기, 관계 속의
내 모습 알아차리기

첫째 주: 기분 좋아지는 벽화
둘째 주: 우산으로 안전한 장소 만들기
셋째 주: 매직 방패
넷째 주: 스트레스 속의 내 모습

| ◎ 첫째 주 | 기분 좋아지는 벽화 |

‖ 목표
관계 속에서 힘들거나 스트레스 상황이 생기면 심리적으로 이완할 수 있는 공간을 만들어 봄으로써 정서적 안정을 경험한다.

‖ 준비물
잡지, 가위, 풀, 전지

‖ 활동방법
1. 잡지에서 자신이 생각만 해도, 보기만 해도 기분이 좋아지는 사물이나 장소, 사람, 상황 등을 표현하는 사진을 오린다.
2. 자신이 기분이 좋아지는 사진들을 친구들과 함께 커다란 벽지에 붙인다.
3. 자신이 힘들거나 스트레스를 받게 되는 상황을 떠올리고, 그 상황에 처했을 때 기분이 좋아지는 것들로 채운 벽화 앞에 가서 심리적으로 안정됨을 느껴 본다.
4. 활동 후 느낀 점에 대해 이야기를 나눈다.

‖ 주의사항
자신의 기분이 즐거워지는 사진이나 그림에 대해 부끄러워서 주저하는 아동들에게는 아동 스스로 즐거움을 얻을 수 있는 것은 무엇이든 붙일 수 있다는 것을 강조한다(고학년 남학생의 경우 속옷 입은 여자 사진이나 야한 옷을 입은 여성의 사진을 붙이고 싶어 하는데 자유롭게 선택할 수 있도록 허용한다.).

기분 좋아지는 벽화

사례 1: 초등 남학생 모둠

- 좋아하는 음식을 보면 기분이 좋다.
- 예쁜 사람을 보면 기분이 좋다.
- 친구들이 즐겁게 노는 모습이 좋다.
- 깨끗한 방이 기분이 좋다.
- 엄마가 바르는 립스틱이 좋다.

사례 2: 초등 여학생 모둠

- 예쁜 꽃들을 보면 기분이 좋다.
- 넓은 들판을 보면 기분이 좋다.
- 예쁜 그림을 보면 기분이 좋다.
- 맛있는 음식을 보면 기분이 좋다.
- 싱싱한 야채를 보면 기분이 좋다.

‖ 다시 한 번 해봐요

나만의 기분이 좋아지는 벽, 문, 의자 만들기
4절지에 기분이 좋아지는 것들로 붙이거나 그려서 꾸민 후 자신의 방문이나 벽,
의자 등받이에 붙여서 가정에서 스트레스 상황에 자신이 피할 수 있는 장소를 만
들어 보고 자신이 힘들 때 그곳에서 기분 전환의 경험을 해 본다.

우리는 행복하기 때문에 웃는 것이 아니고 웃기 때문에 행복하다.
-윌리엄 제임스(William James)-

나만의 기분 좋아지는 의자

나만의 기분이 좋아지는 의자를 만들어 마당에 놓았다. 꽃이 피어 있는 마당에 놓아둔 기분 좋아지는
의자에 앉아 있으니 정말 기분이 좋아지는 것 같았다.

○ 둘째 주   # 우산으로 안전한 장소 만들기

‖ 목표

스트레스 상황에서 자신이 피할 수 있는 안전한 장소를 만들고 자신이 만든 안전한 장소에서 심리적인 이완을 경험한다.

‖ 준비물

우산, 유성매직

‖ 활동방법

1. 우산에다 유성매직으로 자신이 생각하면 기분 좋아지는 것들을 그림으로 표현해 본다.
2. 화가 나거나 스트레스 상황에 처했을 때 우산을 펼쳐서 우산 그늘 안으로 들어간다.
3. 우산 안에서 우산이 자신의 스트레스를 막아 줄 것이라는 상상을 하며 안전한 장소의 경험을 한다.
4. 활동 후 느낀 점에 대해 이야기를 나눈다.

‖ 주의사항

우산은 그림이 잘 그려지고 무늬나 그림이 없는 일회용 우산으로 준비한다.

우산으로 안전한 장소 만들기

활동 1
아이들이 우산을 받아 들고 자신의 우산에
어떤 그림을 그릴지 생각하고 있다.

활동 2
자신의 우산에 좋아하거나 자신을 지켜
줄 수 있는 것들을 그리고 있다.

■ 사례 1: 초등 4, 여학생

휴대전화기, MP3, 꽃, 컴퓨터, 카세트
녹음기 등이 그려져 있다.

■ 사례 2: 초등 3, 남학생

휴대전화기, 따뜻한 옷, 나무, 컴퓨터,
칼 등이 그려져 있다.

‖ 다시 한 번 해봐요

나의 안전한 장소 사용하기
일주일 동안 스트레스 상황이 생기면 우산으로 실제 상황에 대처해 보기

> 자신감을 가지고 긍정적이고 주체적으로 생각하라. 그러면 삶이 더 안정되고 행
> 동력이 강화되고 경험이 풍부해질 것이다.
> −에디 리겐베커(Eddie Rickenbacker)−

나의 안전한 장소 사용하기

안전한 장소를 사용하게 된 사건	
안전한 장소를 사용하기 전의 나의 마음	
안전한 장소에 있을 때의 나의 마음	
안전한 장소 사용 후 나의 마음	

○ 셋째 주 　　　매직 방패

‖ 목표
1. 스트레스 상황에 적극적으로 대처한다.
2. 자신을 화나게 하거나 짜증나게 하는 상황이나 상대를 막을 수 있는 자신만의
   방패를 만들고 놀이를 통해 감정의 이완을 경험한다.

‖ 준비물
도화지, 색연필, 사인펜, 코팅필름, 찍찍이, 가위, 물총

‖ 활동방법
1. 스트레스 상황을 막을 수 있는 무늬와 색으로 자신만의 방패를 그리고 꾸
   민다.
2. 방패가 완성되면 코팅을 하고 찍찍이를 사용하여 손잡이를 만든다.
3. 스트레스 상황을 가정하여 친구와 편을 나누어 물총으로 전쟁놀이를 한다.
4. 자신을 공격하는 상황과 사람을 적극적으로 방어하고 대처한다.
5. 전쟁놀이를 통해 친구와의 친밀감과 적극적인 신체활동을 통한 스트레스를
   해소한다.
6. 활동 후 느낀 점에 대해 이야기를 나눈다.

‖ 주의사항
전쟁놀이를 할 때 신체적인 충돌로 다치지 않도록 하고, 적극적인 자세로 활동
에 참여하도록 격려한다.

매직 방패

▌초등 3, 4학년 남학생 그룹

활동 1
아이들이 자신이 만든 매직 방패를 총과 함께 들고 멋진 포즈를 취하고 있다.

활동 2
실외에 나가 물총에 물을 채우고 물총 싸움을 하면서 자신이 만든 매직 방패를 사용하였다.
자신이 만든 작품을 들고 멋진 포즈를 취하고 있다.

▌다시 한 번 해봐요

방패 사용하기
일주일 동안 스트레스가 쌓이거나 짜증 또는 화가 날 때 자신이 만든 방패를 사용하고 그 상황을 구체적으로 적어 본다.

용기는 역경에 처했을 때의 빛이다.

－L.C. 보브나르그(Vauvenargues)－

방패 사용하기

일주일 동안 내가 방패를 사용한 때와 장소, 사용하게 된 상황 등을 자세히 적어 보세요.

사용한 때와 장소	
사용하게 된 상황	
사용했을 때 상대의 반응	
사용한 후 나의 기분	

○ 넷째 주   # 스트레스 속의 내 모습

‖ 목표

1. 자신의 평상시 모습과 스트레스를 받아 힘들어하는 모습을 석고 마스크에 표현한다.
2. 스트레스 상황 속에서 나타나는 태도나 행동을 긍정적인 방법으로 바꾼다.

‖ 준비물

석고 마스크, 유성매직, 색종이, 풀

‖ 활동방법

1. 피부 관리실에 부탁하여 석고 마스크를 준비해 둔다.
2. 석고 마스크에 앞면과 안쪽 면에 각각 자신의 평상시 모습과 스트레스를 받아 힘들어하는 자신의 모습을 상징적으로 표현해 본다.
3. 마스크가 꾸며지면 실제로 마스크를 착용해서 자신의 평상시 모습과 스트레스로 힘들어하는 모습을 역할극으로 표현해 본다.
4. 다른 사람의 역할극을 보면서 다른 사람의 평상시 모습 중 좋은 모습은 따라 하고 닮으려고 노력하며, 스트레스를 받아 힘들어하는 모습은 자신의 행동과 비교하여 고쳐야 할 부분들에 대해 느껴 본다.
5. 활동 후 느낀 점에 대해 이야기를 나눈다.

‖ 주의사항

석고 마스크는 한 번에 구하기 어려울 수 있기 때문에 미리 피부 관리실에 부탁하여 모아 두고 깨지기 쉬우므로 조심하여 보관하고 다룬다(피부 관리실에서 사용한 석고 마스크는 모두 쓰레기로 버리므로 미리 부탁하면 쉽게 구할 수 있다.).

스트레스 속의 내 모습

사례 1: 초등 6, 여학생

처음 얼굴을 빨간색으로 칠한 후 머리카락을 그리면서 얼굴에 선을 몇 개 그리더니 거미줄 같은 선들을 자신의 얼굴에 빽빽이 채워 그렸다.
자신의 작품을 보고 답답하다고 했다.

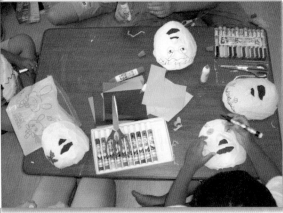

사례 2: 초등 고학년(4~6학년) 그룹

활동 1
아동들이 둘러 앉아 석고를 받은 후 석고 마스크에 자신의 평상 시 모습과 스트레스를 받았을 때 모습을 표현하고 있다.

활동 2
초등 고학년(4~6학년) 아동들이 자신이 표현한 석고 가면을 쓰고 역할극을 한 후 사진을 찍었다.

‖ 다시 한 번 해봐요

스트레스 속의 내 모습 관찰하기

일주일 동안 자신의 평상시 모습과 스트레스를 받아 힘들 때의 모습이 어떻게 다른지 민감하게 느끼고 자세히 관찰하여 기록해 본다.

웃음은 최고의 화장법이다.

−박찬원−

스트레스 속의 내 모습 관찰하기

요일＼내모습	평상시 모습	스트레스를 받아 힘들 때의 모습
월		
화		
수		
목		
금		
토		

7월

매체의 변화

매체의 용도와 가치 변화,
조절력, 친구들과의
상호작용, 창의성 증진,
성취감 경험하기

첫째 주: 모기향 만다라
둘째 주: 식빵 그림
셋째 주: 계란판 꽃
넷째 주: 건빵 타일

○ 첫째 주 **모기향 만다라**

‖ 목표

1. 재활용품이나 생활용품들을 이용한 활동을 통해 사물의 가치 변화를 경험한다.
2. 활동 중에 친구들과의 상호작용, 협동심, 성취감을 경험한다.

‖ 준비물

모기향, 사인펜, 색연필, 크레파스, 마분지, 여러 가지 색의 라커, 목공풀

‖ 활동방법

1. 자신이 칠하고 싶은 색의 라커로 모기향에 색칠한다. 이때 라커를 조심스럽게 뿌리지 않으면 옷이나 실내 바닥에 뿌려질 수 있으므로 실외(복도)에 신문지를 넓게 펴고 라커를 뿌린다.
2. 색이 어느 정도 마르면 지름 20cm의 원모양의 마분지에 모기향을 배치하여 붙인다.
3. 모기향을 이용하여 주변에 자신이 연상되거나 꾸미고 싶은 모양으로 종이 여백을 채운다. 아동들의 상상력이나 창의성이 충분히 발휘되도록 한다.
4. 작품이 완성되면 자신이 만든 작품을 들고 모인다.
5. 친구들에게 자신의 작품을 소개하고 어떤 모습을 상상하여 꾸몄는지 충분히 설명한다.
6. 활동 후 느낀 점에 대해 이야기를 나눈다.

‖ 주의사항

1. 모기향에 라커 색이 잘 입혀지지 않을 경우 2~3회 덧뿌린다. 또 다양한 색의 모기향을 구입하여 그대로 사용해도 무방하다.
2. 모기향이 충분히 마르지 않으면 손에 묻거나 도화지에 묻을 수 있으므로 충분히 시간을 두고 말린다.

① 두 개로 붙어 있는 모기향을 떼어 놓는다.

② 원하는 색의 라커를 충분히 흔든 후 바람을 등
지고 모기향에 골고루 충분히 뿌린다.

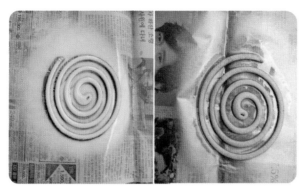

③ 라커가 충분히 뿌려진 모기향을 그늘에 말린다.

④ 색이 칠해지지 않은 모기향 뒷면에 목공풀이
나 글루건으로 칠한다.

⑤ 준비된 원모양의 도화지에 모기향을 원하는
위치에 붙인다.

⑥ 여백에 원하는 문양을 꾸민다.

모기향 만다라

사례 1: 초등 4~6학년 그룹

- 태양: 모기향 두 개를 모아 붙이고 태양 문양을 꾸몄다.
- 거미줄: 모기향 모양을 따라 선을 겹쳐 그려 거미줄 문양과 함께 거미를 그려 넣었다.
- 꽃밭: 하얀색 모기향을 가운데 놓고 가장자리에 파스텔 톤의 색으로 꽃잎들을 그려 넣었다.
- 나팔꽃: 붉은색의 모기향을 붙이고 노랑과 빨강으로 나팔꽃 문양을 그려 표현했다.

사례 2: 초등 1~3학년 그룹

- 나팔꽃: 모기향을 2개 붙이고 나팔꽃 잎을 그려 연결하여 나팔꽃 넝쿨을 표현했다.
- 우주: 붉은색 모기향을 가운데 붙이고 질서 정연한 우주를 빨강, 노랑, 검정색으로 표현했다.
- 나팔꽃: 모기향을 가운데 붙이고 모기향을 따라 나팔꽃 잎을 그려 넣어 모기향이 넝쿨 줄기로 표현되었다.

‖ 다시 한 번 해봐요

가족 모기향 만다라
가족이 협동하여 모기향을 이용한 하나의 작품을 만들면서 즐거움을 경험한다.

적극적인 마음자세를 소유하라. 자신의 창의성을 적시에 사용하라.
−빌 게이츠(Bill Gates)−

가족 모기향 만다라

＼ 사례 1: 초등 3, 남학생 가족

한 종이에 가족이 다 함께 참여하여 작품
을 만들었다.
화려한 문양이 예술작품을 연상하게 한다.

＼ 사례 2: 초등 4, 남학생 가족

가족 구성원 각자가 자신이 만들고 싶은
모양의 모기향 만다라를 한 개씩 꾸민 후
한 종이에 붙여 왔다.
가족 각자의 개성이 느껴진다.

○ 둘째 주　　식빵 그림

‖ 목표

1. 식빵과 계란을 활용한 새로운 소재에 대한 느낌을 충분히 경험한다.

2. 활동 중에 주의력과 조절력, 친구들과의 상호작용, 협동심, 성취감을 경험한다.

‖ 준비물

식빵, 붓, 여러 개의 계란, 딸기 잼, 커피나 코코아 가루, 녹차 가루, 토스터, 4절지 도화지, 목공풀, A4 용지, 연필

‖ 활동방법

1. 그릇에 계란 노른자와 흰자를 나누어 담아 잘 젓는다. 아이들이 계란을 충분히 사용할 수 있도록 양을 여유롭게 준비한다.

2. 아이들에게 식빵을 3~4개 나누어 준다.

3. 아이들에게 그리고 싶은 그림을 생각하도록 한다.

4. 그릴 그림을 생각한 아동은 붓을 이용하여 계란의 흰자와 노른자 물로 식빵에 자신이 원하는 그림을 그린다. 계란물이 적절히 식빵에 발라지지 않으면 그림이 흐리게 나올 수 있으니 계란물을 충분히 바르도록 하고 계란물이 흘러내리거나 노른자와 흰자가 식빵에서 섞이지 않도록 해야 한다.

5. 그림이 그려지는 순서대로 교사는 아동의 그림을 받아 토스터에 노른자와 흰자가 노릇하게 구워지도록(약 2~3분) 굽는다. 토스터에서 식빵을 꺼내 그림을 관찰하고 그림이 뚜렷하지 않으면 계란물을 덧바르거나 하여 다시 구워낸다.

6. 모든 식빵이 다 구워지면 모둠을 나누고 의논하여 식빵을 4절지 도화지에 붙인다.

7. 붙여진 식빵을 보고 식빵이 붙여진 순서대로 이야기를 꾸며 적는다.

8. 자신의 이야기를 가지고 모여 앉아 식빵 그림을 보면서 발표한다. 다른 친구들의 이야기도 들으면서 나와는 어떻게 다른지 친구들의 이야기에 귀 기울인다.

9. 가장 재미있었던 이야기는 어떤 것이었는지, 식빵으로 그림을 그릴 때의 기분 등을 이야기한다.

10. 활동 후 느낀 점에 대해 이야기를 나눈다.

‖ 주의사항

1. 식빵이 너무 타지 않도록 2~3분으로 토스터 시간을 조정한다.

2. 계란의 노른자와 흰자가 섞이지 않도록 붓을 구분하여 사용한다.

식빵 그림

엄마와 아빠가 나만 빼고 영화를 보러 가서 두 분이서만 재미있게 영화를 보고 기분 좋아하고 계신다.

‖ 다시 한 번 해봐요

식빵 가족화

식빵에 계란, 커피가루, 잼 등을 이용하여 가족이 함께 그림을 그린다.

두꺼운 종이에 식빵 사진을 서로 배치하고 싶은 곳에 배치한 후 가족 액자를 꾸민다.

창조 행위는 행동, 사고 가능성, 기존에 존재했던 기술을 한데 섞고 결합하는 작업이다.

-프란체스코 알바니(Albani, Francesco)-

식빵 가족화

가족의 모습을 꽃밭으로 표현하였다.

○ 셋째 주　　**계란판 꽃**

∥ 목표

1. 재활용품이나 생활용품들을 이용한 활동을 통해 사물의 가치 변화를 경험한다.
2. 활동 중에 주의력과 조절력, 친구들과의 상호작용, 협동심, 성취감을 경험한다.

∥ 준비물

계란판(플라스틱) 여러 개, 나뭇가지, 철사, 드라이어, 송곳, 구슬모양의 비즈

∥ 활동방법

1. 플라스틱 계란판의 달걀이 들어가는 오목한 부분만 동그랗게 잘라낸다.
2. 자른 계란판을 가장자리를 돌려가며 4~5장 꽃잎 모양이 되도록 가위집을 낸다.
3. 가위집을 낸 부분의 끝에 드라이어의 따뜻한 바람을 쐬이면서 나무젓가락이나 연필 등을 이용하여 바깥쪽으로 휘어지게 고정시켜 꽃잎 모양을 만든다.
4. 계란판 꽃잎 2~3개를 겹친 후 송곳으로 꽃 중심에 구멍 2개를 단추 구멍 모양으로 만든다.
5. 철사를 5~6cm로 자른 후 한쪽 철사에 비즈 2~3개를 겹친 후 철사 양끝을 2개의 구멍에 나누어 끼운다.
6. 구슬이 흩어지지 않고 꽃잎의 중앙에 오도록 한 후 꽃잎 밑쪽에서 철사를 꼬아 고정한다. 이때 철사 끝 부분이 너무 짧지 않도록 철사를 여유 있게 잘라야 나중에 나뭇가지에 철사로 고정할 수 있다.
7. 꽃잎이 완성되면 남겨진 부분의 철사를 이용하여 나뭇가지에 꽃잎을 고정한다.

8. 작품을 보고 느끼는 점이나 작품을 만들면서 재미있거나 어려웠던 점 등을 자유롭게 이야기한다.

9. 활동 후 느낀 점에 대해 이야기를 나눈다.

‖ 주의사항

1. 계란판 끝을 가열할 때 아동들이 손을 데이지 않도록 하고 교사가 도움을 준다. 촛불은 그을리기 쉽기 때문에 드라이어를 이용하면 쉽고 깨끗하게 표현된다.

2. 여러 단계로 나누어지고 정교한 소근육 작업이 계속되므로 아동들이 끈기 있게 작품을 마무리하도록 격려한다.

3. 작품을 사람들이 잘 볼 수 있는 곳에 장식하여 아이들 스스로 자긍심을 가지도록 한다.

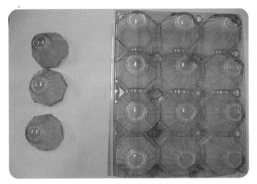

① 계란판을 모양에 따라 가위로 오린다.

② 꽃잎 모양으로 오린다.

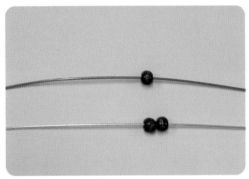

③ 구슬에 철사를 꿰어 준비한다.

④ 드라이어를 이용하여 꽃잎 끝에 열을 가한다.

⑤ 연필을 이용하여 꽃잎 끝을 바깥쪽으로 만다.

⑥ 송곳으로 2개의 구멍 뚫는다.

⑦ 2개의 꽃잎을 겹친 후 준비해둔 철사를 구멍에
   넣은 후 밑에서 꼬아 고정한다.

⑧ 꽃가지에 예쁘게 매단다.

‖ 다시 한 번 해봐요

재활용품으로 만들기

재활용될 수 있는 재료를 골라 그 특성을 이용하여 작품을 만들고 꾸며 본다.

창조는 괴로움의 구원인 동시에 삶의 위로인 것이다.

−니체(Nietzsche)−

페트병 꽃

페트병을 가위로 잘라 줄기를 만든 후, 부직포를 이용하여 꽃을 만들었다.

○ 넷째 주 **건빵 타일**

‖ 목표

1. 작은 물건에 그림을 그려 넣는 정교한 작업을 통해 주의력과 조절력을 향상시킨다.
2. 자신이 원하는 것과 원하지 않았던 것을 선택했을 경우 상황을 해결하고 받아들이기 위해 요구되는 여러 가지 사회적 기술능력을 학습한다.
3. 완성된 작품을 보고 이야기 만들기를 하면서 각 그림을 관련지어 종합적으로 보는 훈련을 한다.

‖ 준비물

건빵, 사인펜, 네임펜, 목공풀, 마분지, 채색도구

‖ 활동방법

1. 아동 개인에게 각각 20개의 건빵을 나누어 준다.
2. 건빵에 자신이 원하거나 생각하는 그림이나 모양을 사인펜이나 네임펜으로 하나하나 정교하게 그리고 색칠하는 작업을 한다.
3. 아동들의 건빵 그림 작업이 완성되면 건빵 그림들을 모아 불투명한 그릇이나 상자에 넣고 손만 넣었다 뺄 수 있는 구멍을 만든다.
4. 가위바위보를 하여 제비뽑기할 순서를 정한다.
5. 순서대로 돌아가면서 20개의 건빵을 제비뽑기하여 가진다. 이때 교사는 아동들이 자신이 원하지 않는 그림이 나와도 불평이나 짜증내지 않고 수긍할 수 있도록 유도한다.
6. 제비뽑기가 끝나면 아동 각자에게 마분지를 나누어 준다.
7. 선택한 그림을 마분지 위에 자신이 원하는 순서와 위치에 붙이고(여백에 그림을 보충하여 그릴 수 있다.) 그림을 보면서 이야기 꾸미기를 한다.

8. 자신의 작품을 발표하고 꾸민 이야기를 서로 이야기한다. 이때 교사는 친구들의 작품을 격려하고 건빵이 마분지 위에서 타일 효과를 보이는 것을 인식하도록 돕는다.

9. 작품을 발표하면서 작품에 대한 성취감을 갖는다.

10. 활동 후 느낀 점에 대해 이야기를 나눈다.

‖ 주의사항

1. 건빵을 제비 뽑기할 때 자신이 뽑은 건빵이 마음에 들지 않는다고 다시 상자에 넣지 않도록 주의를 준다.

2. 꾸미기를 할 때 자신이 뽑은 건빵에 있는 그림이 모두 이야기 속에 들어가도록 주의한다.

건빵 타일

▨ 사례 1: 초등 6, 여학생

얼굴

건빵에 다양한 표정의 얼굴을 그린 후 종이 위에 붙여 하나의 얼굴을 표현했다.

▨ 사례 2: 초등 5, 남학생

가을

과일 나무를 키우는 착한 사람들의 이야기

▨ 사례 3: 초등 3, 남학생

여행

하늘을 날아 떠나는 여행길에서 만난 친구들의 이야기

‖ 다시 한 번 해봐요

친구들의 건빵 타일

5명의 친구에게 각각 건빵을 5개씩 나누어 주고 건빵에 그림을 그려 달라고 부탁하여 받은 후, 종이에 자유롭게 붙이고 친구들이 그린 그림을 보면서 이야기를 꾸며 온다.

존재하는 모든 훌륭한 것은 독창력의 열매다.

-S. 밀(Stuart Mill)-

친구들의 건빵 타일

사례 1: 초등 3, 남학생

날개 달린 하트 세상에 사는 여러 친구들의 이야기를
표현했다.

사례 2: 초등 5, 여학생

여름에 가족과 함께 캠프를 가서 그곳에서 즐거웠던 것을
표현했다.

사례 3: 초등 2, 남학생

햇님이 세계 곳곳을 다니면서 본 것을 표현했다.

8월

자유를 향한 여행

방학특별활동, 시간의 여유,
긴장감 해소, 성취감 고취,
친구들과의 나눔

첫째 주: 색 휴지로 꾸미기
둘째 주: 신문지 탐험
셋째 주: 도장 그림
넷째 주: 다양한 재료로 만드는 모자이크

○ 첫째 주   색 휴지로 꾸미기

‖ 목표

1. 협동 작업을 통해 친구와의 상호작용 기술을 익힌다.

2. 모델을 꾸미는 과정에서 일어날 수 있는 문제들(조절력, 친구들과의 의견 대립)을 시행착오를 통해 적절하게 통제하고 조절한다.

‖ 준비물

다양한 색깔의 두루마리 휴지, 가위, 스테이플러, 셀로판테이프 등

‖ 활동방법

1. 팀을 나누어 팀원 중 한 명을 모델로 정하고 어떻게 꾸며줄지 의논한다.

2. 각자 맡은 부분을 정하고 여러 종류의 휴지를 이용하여 만든다.

3. 만들어진 옷, 액세서리 등을 여러 종류의 접착제를 이용하여 모델이 된 아동에게 입히거나 씌우고, 달아 준다.

4. 모델이 다 꾸며지면 모델이 된 아동은 친구들 앞에서 패션쇼를 한다.

5. 아동들은 각 모델이 입고 있는 옷의 장점이나 마음에 드는 부분, 수정했으면 좋을 것 같은 부분들을 자유롭게 이야기한다.

7. 친구를 꾸미면서 생각했던 것, 또 여러 사람이 함께 모여 작업했을 때 어려웠던 점 또는 좋은 점, 모델이 되었을 때의 마음가짐 등을 이야기한다.

8. 활동 후 느낀 점에 대해 이야기를 나눈다.

‖ 주의사항

1. 휴지는 잘 찢어지거나 잘못 다루면 지저분할 수 있으므로 아동들에게 자르거나 찢을 때 조심해서 다루도록 한다.

2. 모델이 된 아동은 자신의 모습이 마음에 들지 않더라도 역할을 충실히 할 수 있도록 한다.

3. 패션쇼를 하며 움직일 때 휴지로 만든 옷이 상하지 않도록 조심한다.

색 휴지로 꾸미기

▶ 초등 고학년 그룹

활동 1
팀원들이 모델이 된 아동을 어떤 모습으로 꾸밀지 의논한 후 색 휴지를 이용해 아동의 몸에 장식하고 있다.

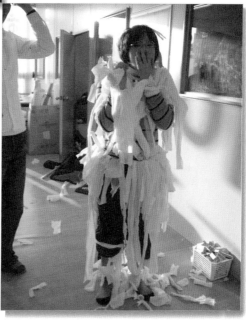

▶ 초등 고학년 그룹

활동 2
아동이 색 휴지로 꾸며진 자신의 모습이 부끄러운 듯 포즈를 취하고 있다.

‖ 다시 한 번 해봐요

나의 가장 멋진 모습

자신이 가지고 있는 가장 멋진 옷과 장식품을 이용하여 자신의 모습을 머리에서 발끝까지 멋지게 꾸민다. 그리고 그 모습을 사진에 담아 보관하고 그림으로 표현한다.

누군가에게 그날을 생애 최고의 날로 만들어 주는 것은 그리 힘든 일이 아니다.
초대 전화 몇 통, 감사의 쪽지, 몇 마디의 칭찬이나 격려만으로 충분하다.

-댄 클라크(Dan Clark)-

나의 가장 멋진 모습

자신의 모습을 생동감 있게 표현하였다.

둘째 주 신문지 탐험

‖ 목표
1. 신체적 활동을 통해 카타르시스를 경험한다.
2. 마음 열기, 모둠 간의 결속력과 즐거움 등을 경험한다.

‖ 준비물
다량의 신문지, 셀로판테이프, 풀

‖ 활동방법
1. 신문지를 세로 방향으로 길게 찢는다.
2. 찢은 신문지를 친구와 함께 길게 이어 붙인다(주의력과 협력을 경험한다.).
3. 길게 이은 여러 개의 신문지를 활동실의 벽이나 천장 등에 자유롭게 붙인다.
4. 여기저기 엉켜진 채 붙여진 신문지 줄을 보고 무엇이 연상되는지 이야기하게
   한다.
5. 연상된 상황에 맞게(정글, 해적선, 오래된 성의 숲 등) 아동들이 나머지 신문으
   로 자신의 의상이나 장신구, 무기 등을 만들어 입도록 한다.
6. 두 집단으로 나누고 아지트를 정한다.
7. 신문지로 만든 대포, 칼, 밧줄 등 여러 가지 무기를 이용하여 상대 집단과 신
   나게 결투를 벌인다. 아이들이 마음껏 감정을 표출하도록 유도한다.
8. 공격 중에 집단과의 활동에 방해가 되거나 서로 마음이 상할 수 있는 부분에
   대해 적절히 규칙을 정한다(예: 붙여 놓은 신문지가 떨어지지 않아야 한다. 친구들
   의 머리나 얼굴을 직접적으로 공격하면 안 된다 등). 그리고 교사는 그 규칙이 잘
   지켜지도록 유도한다.

9. 공격의 결과는 대포알을 다른 집단으로 많이 던진 쪽이나 아지트 벽에 붙여 놓은 신문지 줄이나 옷, 무기의 보존 상태가 양호한 쪽을 승리 모둠으로 정한다.

10. 진 집단이 이긴 집단을 업어주어 교실을 한 바퀴 돌도록 한다.

11. 한 사람씩 돌아가며 제일 재미있었던 작업이나 장면을 이야기하도록 한다.

12. 활동 후 느낀 점에 대해 이야기를 나눈다.

∥ 주의사항

1. 신문지를 이을 때나 공격 중에 신문지 줄이 끊어지지 않도록 유의한다.

2. 소극적인 아이들은 열외가 되거나 움직임이 작을 수 있으므로 교사는 모든 아동들이 적극적으로 참여하도록 유도한다.

신문지 탐험

▲ **초등 저학년 남학생 그룹**

아동들이 신문을 길게 이어 붙
인 후 벽이나 문에 연결하여 정
글을 표현했다.

▌ 다시 한 번 해봐요

우리 가족 파티

가족이 함께 모여 특별한 날을 정하고, 고무찰흙으로 파티에 필요한 여러 가지
음식과 소품을 만들어 서로를 격려하고 축하하며 즐기는 시간을 가져본다.

오랜 친구가 좋은 이유 중 하나는 그들 앞에서는 바보가 되어도 좋기 때문이다.
-랠프 월도 에머슨(Ralph Waldo Emerson Ralph)-

우리 가족 파티

사례 1: 초등 5, 여학생 가족

가족이 함께 모여 나들이를 간 날 맛있
는 음식을 싸가지고 가서 맛있게 먹고
놀았다.

사례 2: 초등 6, 남학생 가족

맛있는 음식을 차려 놓고 가족이 모여
기쁨을 표현하면서 즐거운 시간을 가
졌다.

○ **셋째 주**　　**도장 그림**

‖ 목표

1. 크레파스나 색연필이 아닌 도장을 이용하여 난화 그리기 작업을 통해 새로운 그리기 작업을 경험한다.
2. 난화 이야기 꾸미기를 통해 자신이 현재 집중하는 생각은 어떤 것인지 깨닫는다.
3. 내가 집중하는 생각과 마음의 핵심이 무엇인지 발견하고 해결할 수 있는 구체적인 방법을 찾는다.

‖ 준비물

다양한 모양의 도장, 스탬프, 도화지, 사인펜, 색연필, 크레파스 등

‖ 활동방법

1. 다양한 크기와 모양의 도장을 준비한다.
2. 아동들은 도장을 가지고 도화지에 다양한 그림의 도장을 자유롭게 찍어 난화[3]를 표현한다.
3. 도장이 찍힌 도화지를 잘 관찰하고 어떤 사물이나 상징이 보이는지 찾아 색연필이나 사인펜 등으로 그림을 표시한 후 색칠하거나 꾸민다.
4. 자신이 발견한 여러 가지 사물이나 상징을 이용하여 이야기를 만들어 다른 종이에 적는다.
5. 한 아동씩 돌아가며 자신의 그림에서 발견한 상징이 어떤 것인지 말한 후 만든 이야기를 발표한다.

---

3) 난화: 종이에 직선이나 곡선을 자유롭게 그린 후 그려진 선을 이리저리 돌리면서 이미지를 떠올리는 기법

6. 한 아동의 이야기 발표가 끝나면 아동의 이야기 속에서 궁금한 점이나 그림 난화에서 찾은 상징들에 대해 질문하는 시간을 통해 아동 스스로 자신의 핵심 생각이나 마음이 어떤 것인지 발견하도록 한다.

7. 아동이 발견한 핵심 생각이나 마음을 확인한 후 종이에 적는다.

8. 아동의 핵심 생각이나 마음을 해결할 수 있는 구체적인 방법을 3개 찾아 적는다.

9. 해결방법을 발표하고 그 방법을 실천했을 때 어떤 결과가 생길 수 있는지 이야기한다.

10. 활동 후 느낀 점에 대해 이야기를 나눈다.

‖ 주의사항

1. 교사는 아동들이 도장을 찍을 때 자유롭게 찍도록 유도한다.

2. 아동의 난화와 이야기 속에서 아동들이 자신의 핵심 생각이나 마음을 찾아낼 수 있도록 적절한 질문과 조언을 통해 아동 스스로 발견하도록 돕는다.

도장 난화

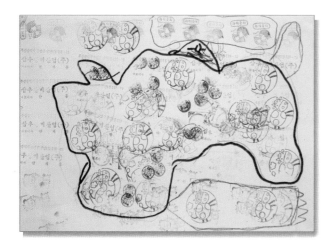

사례 1: 초등 5, 남학생

- 도장 그림에서 찾은 것: 버스, 로켓, 괴물
- 만든 이야기: 괴물이 나타나서 지구인이 로켓을 타고 우주에 갔다가 다시 지구에 와서 괴물 머리에 로켓이 꽂혔다. 그래서 괴물은 죽고 지구에 평화가 찾아왔다. 지구인들은 버스를 타고 갔다.
- 아동이 찾은 자신의 문제: 괴물은 공부와 숙제라고 함.
- 해결방법: 공부할 때 선생님 말씀을 잘 듣는다. 숙제할 때 읽으면서 한다. 공부할 때 낙서를 하지 않고 공부가 끝나고 낙서를 한다.

사례 2: 초등 5, 남학생

- 도장 그림에서 찾은 것: 기형아, 장화, 트럭, 기린
- 만든 이야기: 기형아가 트럭을 타고 가는데 운전석에 장화가 있었다. 기형아는 장화를 코에 대고 냄새를 맡았는데 안드로메다로 날아갈 정도로 지독한 냄새였다. 기형아는 날아 동물원에 떨어졌다. 그래서 기형아는 배가 고파서 기린의 머리를 먹어버렸다. 기형아는 동물학대 때문에 경찰에 끌려갔다. 기형아는 "그 장화 때문에 내가 교도소에 갔다."라고 말했다.
- 아동이 찾은 자신의 문제: 친구관계에서 장화를 자신이라고 함.

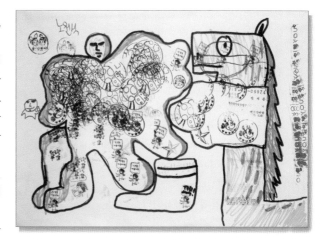

- 해결방법: 아이들과 같이 짜증내지 않고 친절하게 대하면서 논다.
  친구가 좋은 행동을 할 때 칭찬한다.
  친구가 장난칠 때 짜증내지 않고 "너는 재미있는 애구나."라고 말한다.

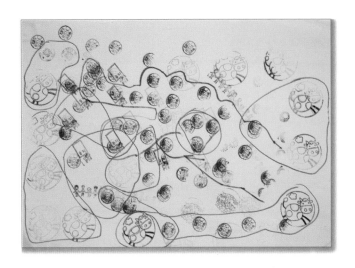

사례 3: 초등 4, 남학생

- 도장 그림에서 찾은 것: 악어, 발자국, 외계인, 뱀, 짝눈
- 만든 이야기: 악어와 뱀이 싸우다가 외계인을 봤다. 뱀은 외계어로 외계인에게 동맹을 요청했다. 악어는 그때 집으로 왔다. 외계인과 뱀은 악어의 발자국을 보고 발자국을 따라갔다. 외계인과 뱀은 악어를 때렸다. 그 이후로 악어는 짝눈이 되었다.
- 아동이 찾은 자신의 문제: 억울함, 도와줄 사람

아동은 같이 장난쳐도 자신만 혼나서 억울하고 배신감을 느낀다고 했다.
- 해결방법: 아이들과 요즘 많이 하는 놀이를 하며 친해지고, 내편으로 만든다.
  아이들에게 짜증을 내지 않고 친절하게 대한다.
  의논할 때 내 주장만 계속 고집하지 않는다.

사례 4: 초등 4, 남학생

- 도장 그림에서 찾은 것: 코뿔소, 사과
- 만든 이야기: 어느 배고픈 코뿔소가 힘없이 걸어가는데 주렁주렁 열린 사과를 발견하여 아삭아삭 씹어 먹었다. 그런데 사과의 주인은 사자 떼였다. 그래서 자신도 사자에게 잡혀 먹혔다. 코뿔소는 이빨과 잇몸만 남았는데 잇몸 사이에 나뭇가지가 끼어 있었다.
- 아동이 찾은 자신의 문제: 엄마 살려주기. 아동은 사자는 자신이며 코뿔소는 엄마라고 표현했다.
- 해결방법: 아침에 피곤하더라도 엄마에게 짜증내지 않는다.
  학교에서 혼나지 않아서 엄마의 마음을 편안하게 한다.
  울지 않아서 엄마를 편안하게 한다.

‖ 다시 한 번 해봐요

해결방법 실천하기

도장 난화를 통해 찾은 나의 핵심 마음과 생각을 해결할 수 있는 방법을 실천
한다.

친구들에게서 기대하는 것을 친구들에게 베풀어야 한다.

-아리스토텔레스(Aristoteles)-

○ 넷째 주   **다양한 재료로 만드는 모자이크[4]**

‖ 목표
1. 모자이크 작업을 통해 소근육과 인지 및 주의력을 향상시킨다.
2. 세밀하고 긴 시간을 요하는 작업을 통해 인내심을 증진시킨다.
3. 모둠 작업을 통해 모둠 간의 긍정적인 의사소통과 사회기술 능력을 촉진시킨다.

‖ 준비물
4절지 도화지, 크레파스나 사인펜, 목공풀, 색종이, 잡지, 알루미늄 포일, 휴지, 시리얼, 해바라기 씨, 잣 등 다양한 재료를 준비한다.

‖ 활동방법
1. 3명씩 한 모둠을 한다.
2. 모둠끼리 어떤 그림을 표현할 것인지 의논한다.
3. 함께 의논한 주제로 도화지에 그림을 그린다. 교사는 모자이크 시 그림의 크기가 너무 작아 어려움이 없도록 그림의 크기를 적절하게 그리도록 유도한다.
4. 그려진 그림의 부분마다 칸을 나눈다.
5. 나누어진 칸에 준비된 재료들을 사용하여 그림의 주제에 맞는 소재의 질감으로 골고루 표현되도록 붙인다.
6. 교사는 아동들이 모둠에서 적극적이고 균등하게 참여할 수 있도록 유도한다. 또한 먹는 소재들은 아동들이 작업보다 먹는 것에 더 집착하여 작업에 방해가 될 수 있기 때문에 적절히 통제해 준다.

---

4) 모자이크: 기본적인 밑그림에 작은 조각들을 접착제를 이용하여 하나씩 붙여 그림이나 모양을 나타내는 기법

7. 모자이크가 완성되면 크레파스로 테두리를 하여 그림이 선명하게 드러나도록
   한다.
8. 완성된 그림을 모둠별로 소개한다.
9. 활동 후 어려웠던 점이나 재미있었던 점을 고려하여 느낀 점에 대해 이야기를
   나눈다.

‖ 주의사항

1. 모자이크 작업을 할 때 전에 접해 보지 않았던 재료들을 준비하여 아동들에게
   재료에 대한 다양성과 흥미를 제공한다.
2. 아동들이 먹을 수 있는 소재들은 먹고 싶어 할 수 있으나 작품을 만드는 데 방
   해가 되거나 재료가 부족해질 수 있으므로 적절한 통제를 하며 주의를 준다.
3. 유통기한이 지나 복용할 수 없는 영양제 등을 재료로 사용할 수도 있다.

다양한 재료로 만든 모자이크

◥ 사례 1: 초등 1, 혼성 그룹

호숫가 자갈이 깔린 산책길을 표현하였다.

◥ 사례 2: 초등 3, 혼성 그룹

꽃들이 아름답게 피어 있는 공원을 표현
하였다.

‖ 다시 한 번 해봐요

손도장으로 꾸미기

가족이 함께 모여 어떤 그림을 표현할지 서로 의논한다.

여러 가지 색 물감을 물에 풀어 준비한 후 서로 의논하여 각자 어떤 부분을 표현

할지 정하고 손바닥과 손가락으로 색 물감을 찍어 다양하게 표현한다.

모든 사람에게 예절 바르고, 많은 사람에게 붙임성 있고, 몇 사람에게 친밀하고,
한 사람에게 벗이 되고, 누구에게나 적이 되지 말라.

－ 벤저민 프랭클린(Benjamin Franklin)－

손도장으로 꾸미기

▌ 사례 1: 초등 6, 남학생 가족

다양한 색감으로 바닷속 세상을 멋지게
표현하였다.

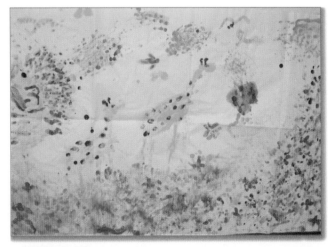

▌ 사례 2: 초등 5, 여학생 가족

기린이 사는 동산을 멋지게 표현했다.
풍요로움이 느껴진다.

9월

함께해서 즐거워

친구들에 대한 기쁨과 반가움 표현,
마음 공유, 모둠 간의 결속력, 협동,
개인 간의 관계 증진, 공통의 즐거움

첫째 주: 땅 따먹기
둘째 주: 친구와 함께 나누는 그림
셋째 주: 배려하기
넷째 주: 과자로 친구 얼굴 만들기

○ 첫째 주   땅 따먹기

‖ 목표

1. 게임의 규칙을 이해하고 지킬 수 있다.
2. 게임을 하면서 일어날 수 있는 여러 가지 갈등과 감정을 잘 처리하여 게임을 경쟁이나 스트레스가 아닌 즐거움으로 대할 수 있도록 한다.
3. 영토를 모둠끼리 협력하여 꾸미면서 성취감과 함께 서로의 마음을 공유하는 경험을 한다.

‖ 준비물

전지 여러 장(또는 신문지 여러 장), 색연필, 크레파스, 말(동전이나 바둑알 등 손가락으로 튕길 수 있는 것)

‖ 활동방법

1. 전체를 3~4모둠으로 나눈다(각 모둠의 인원수는 3~4명이 가장 적당하다.).
2. 전지 4장 정도(바둑판 모양)를 틈이 들어나지 않도록 붙인다.
3. 각 팀은 땅을 넓히고 돌아올 수 있는 작은 영토를 모서리에 분배받는다.
4. 가위바위보로 각 모둠의 말을 결정한다.
5. 순서를 정하고, 말을 손으로 튕겨 말이 지나갔던 자리에 선을 그어 새로운 영토를 표시하여 넓혀 나간다(지나간 자리가 영토가 될 수 없는 상황이 일어날 수 있으므로 처음은 연필로 표시한다.).
6. 더 이상 차지할 땅이 없을 때까지 게임을 계속한 후 각 모둠이 차지한 영토를 명확하게 표시한다.
7. 각 모둠원은 자신들이 차지한 영토를 협력하여 꾸민다. 이름 짓기, 건물 세우기, 공원이나 도로 등 모둠이 원하는 것을 꾸밀 때 모든 모둠원이 적극적으로 참여하도록 한다.

8. 영토가 완성되면 각 영토를 소개하는 시간을 가진다.

9. 활동 후 느낀 점에 대해 이야기를 나눈다.

▌ 주의사항

1. 땅 따먹기 게임을 할 때 아동들이 규칙을 잘 지킬 수 있도록 하며 팀이 차지한 영토를 잘 구분하고 표시할 수 있도록 한다.

2. 어떤 아동들은 말을 잘 다루지 못하여 실패를 자주 경험하는 경우가 있을 수 있는데, 그 아동을 격려하고 방법을 가르쳐 줄 뿐 아니라 다른 아동이 대신 말을 다룰 수 있도록 융통성을 발휘한다.

3. 게임을 하면서 지나친 승부욕으로 흥분한 아동들이 영토를 협력하여 꾸미면서 감정을 가라앉히고 서로를 이해할 수 있는 분위기가 되도록 유도한다.

땅 따먹기

▌ 사례 1: 초등 3~4학년 그룹

텔레토비 동산을 꾸며 보았다.

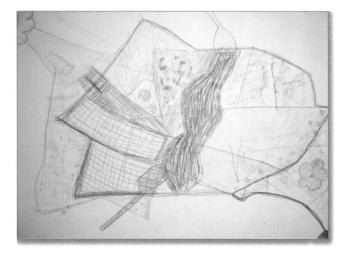

▌ 사례 2: 초등 5~6학년 그룹

과자가 들어 있는 맛있는 파르페를 표현했다.

‖ 다시 한 번 해봐요

가족 땅 따먹기
1. 가족끼리 적절하게 팀을 나눠 게임을 즐기고 영토를 꾸민다.
2. 가족에게 게임의 규칙을 설명한 후 게임을 즐긴다.
3. 친구들과 달리 가족 사이에서 일어날 수 있는 갈등을 적절하게 표현하고 해결
   하는 기회로 활용한다.
4. 각자의 영토를 꾸미고 서로 발표한 후 격려하고 칭찬한다.

나는 친구가 있으므로 유복하다.
　　　　　　　　　　　　　　　-셰익스피어(William Shakespeare)-

가족 땅 따먹기

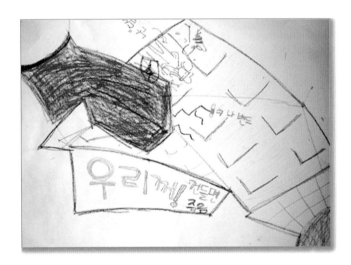

◣ 사례 1: 초등 5, 여학생 가족

광개토대왕이 영토를 차지하던 기상이
느껴진다.

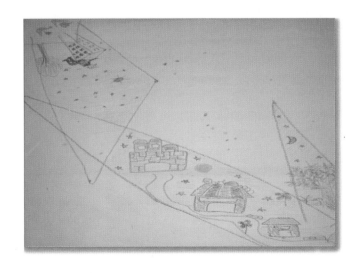

◣ 사례 2: 초등 2, 남학생 가족

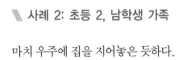

마치 우주에 집을 지어놓은 듯하다.

○ 둘째 주 　친구와 함께 나누는 그림

‖ 목표
1. 친구들과 서로 교류하는 방법-물건 나누기, 이야기 나누기, 신체적 접촉 등을 습득하고 활용한다.
2. 자신이 원하는 것을 얻기 위해 필요한 대화법을 배운다.

‖ 준비물
기름종이, 연필, 사인펜, 여러 가지 종류의 사진이나 그림

‖ 활동방법
1. 각 아동에게 도화지 크기의 기름종이를 나누어 준다.
2. 자신이 그리고 싶은 그림을 그리거나 따라 그리고 싶은 그림을 한 가지 베껴 그린다.
3. 자신의 그림 외에 4명의 친구가 그린 그림을 빌려 자신의 종이에 적절하게 베껴 그린다. 이때 친구들의 그림을 베끼기 위해 부탁을 들어주거나 거절하며, 거절당했을 경우 자신의 감정을 어떻게 다스려야 하는지 또 다른 대안은 무엇인지 탐색할 수 있는 기회를 가진다.
4. 자신의 종이에 그려진 그림을 모두 활용하여 기승전결이 있는 이야기를 꾸미고 제목을 붙여 본다.
5. 친구들과 함께 나눈 그림의 이야기를 발표하고 다른 친구들의 이야기를 듣고, 친구들의 그림이나 이야기에 궁금한 것을 질문하고 적절하게 답하는 훈련을 한다.
6. 활동 후 느낀 점에 대해 이야기를 나눈다.

‖ 주의사항

1. 그림을 베껴 그릴 때 한 손으로 종이를 잘 고정하여 종이가 움직이지 않도록 한다.
2. 다른 아동의 그림을 베껴 그릴 때 그림이 겹치지 않도록 한다.

친구와 함께 나누는 그림

◥ 사례 1: 초등 3, 남학생

이야기 만들기

잠자리가 여행을 하다가 악어와 개를
만나 함께 트럭을 타고 여행을 가는 이
야기

잠자라가 여행을 하다가 악어와 개를
만나 함께 트럭을 타고 여행을 떠나서 친구들을
만나고 재미있게 놀았다.

말이 빵을 먹으러 가는데 잠자리가 날아와 말과 잠자리가 빵을 같이 먹고 트럭 운전사 아저씨를 만나 함께 트럭을 타고 집으로 가서 사이좋게 잠을 잤다.

▌ 사례 2: 초등 6, 남학생

이야기 만들기

말이 빵을 먹으러 가는데 잠자리가 날아와 빵을 같이 먹고 트럭 운전사 아저씨를 만나 트럭을 타고 집으로 갔다는 이야기

▌ 사례 3: 초등 4, 여학생

이야기 만들기

옛날 호랑이가 담배 피던 시절, 사람과 양과 강아지가 행복하게 살면서 비행기 타고 여행도 하고 집도 짓고 열심히 일해서 부자가 된 이야기

‖ 다시 한 번 해봐요

물건 빌리기와 빌려주기
매일 친구에게 물건을 빌리거나 빌려주는 경험을 한다.
친구들에게 물건을 빌리거나 빌려 줄 때의 느낌을 적고, 빌리거나 빌려주는 과정
에서 친구와 갈등이 생겼을 때 어떻게 해결했는지 적어 본다.

가장 귀중한 재산은 사려가 깊고 헌신적인 친구다.

-다리우스(Darius)-

물건 빌리기와 빌려주기

날짜	빌려준 물건과 그때의 마음	빌린 물건과 그때의 마음	갈등상황과 해결법

○ 셋째 주   **배려하기**

‖ 목표

1. 타인의 마음을 읽고 의도를 파악하여 상대방이 원하는 것이 무엇인지 깨닫는다.

2. 자신의 의도와는 다른 결과가 발생했을 경우 자신의 의도를 다른 사람에게 적절하게 표현할 수 있는 대화법을 배운다.

‖ 준비물

도화지, 색연필, 크레파스

‖ 활동방법

1. 각자에게 도화지를 나누어 준다.

2. 각자에게 도화지와 그림을 그릴 수 있는 도구를 제공한다.

3. 상상하면 기분이 좋아지는 일을 그림으로 그려 표현한다.

4. 5분 후 시계방향으로 도화지를 전달한 후 그림을 보면서 그림의 주인이 어떤 그림을 그리고자 했는지 파악하고 그림에 필요하다고 생각되는 부분이나 친구의 마음을 지지해 주고 싶은 것을 그림으로 그려 준다.

5. 그림이 다 돌아 자신의 그림을 돌려받으면 그림을 벽에 붙인다.

6. 한 아동씩 나와서 자신의 그림 중에 마음에 드는 부분이 어떤 것인지, 자신의 마음을 불편하게 하거나 지워버리고 싶은 부분이 있으면 왜 그런 마음이 들었는지 이야기한다.

7. 친구에게 부정적인 이야기를 들은 사람은 왜 자신이 그 그림을 그렸는지에 대해 설명하면서 자신의 생각을 적절하게 표현하여 자신을 변호할 수 있도록 하고 나와 다른 의견을 가진 친구들과 대화를 통해 문제를 해결하는 방법을 배운다.

8. 활동 후 느낀 점에 대해 이야기를 나눈다.

Ⅱ 주의사항

아동들이 친구 그림에 그림을 첨가할 때 자신이 그리고 싶은 것이 아닌 그 그림에 어울리고 친구를 위로해 줄 수 있는 그림을 그리도록 한다.

배려하기

\ 사례 1: 초등 3, 남학생

바닷가에 나가 배 위에서 낚시를 하는 그림을 그렸다. 다른 친구들이 모자를 쓰고 낚시하는 사람과 야자수, 인어, 문어, 꽃게를 그려 넣어 주었다.

\ 사례 2: 초등 4, 여학생

자신의 집과 슈퍼마켓을 그렸다. 다른 친구들이 꽃, 나무, 구름, 잠자리, 별 등을 그려 넣어 주었다.

\ 사례 3: 초등 5, 남학생

아버지에게 학대 받는 아동이 아버지만 없으면 좋다고 하며 아버지가 길에 쓰러진 모습을 그렸다. 다른 친구들이 무서운 괴물들이 나와 아버지를 괴롭히거나 무기로 아버지를 없애는 그림을 그려 주었다. 어떤 친구는 객사라는 단어 옆에 '아님' 이라는 글자를 적어 주기도 했다.

‖ 다시 한 번 해봐요

가족 구성원의 욕구에 민감하기
가족의 모습을 관찰하고 오늘 그 사람에게 꼭 필요한 것이 무엇인지 생각한 후
그림이나 글로 표현하여 적어 보면서 가족의 욕구에 민감해지는 시간을 가진다.

예절과 타인에 대한 배려는 동전을 투자해 지폐를 돌려받는 것과 같다.
-토머스 소웰(Thomas Sowell)-

가족 구성원의 욕구에 민감하기

매일 우리 가족원에게 가장 필요한 것을 찾아내고 그림과 글로 적어 본다.

요일	가족 이름	가장 필요한 것은 무엇인가요?

○ 넷째 주   **과자로 친구 얼굴 만들기**

‖ 목표

1. 과자로 만드는 작업을 통해 매체의 즐거움을 경험하고, 표현력을 기른다.
2. 과자는 잘 부수어지기 쉬운 매체이므로 친구의 얼굴을 조심해서 다루면서 친구를 소중히 여기는 마음을 간접적으로 경험한다.

‖ 준비물

뻥튀기 과자, 낚싯줄, 새우깡, 조리퐁, 강냉이, 양파깡, 초코콘, 목공풀 등

‖ 활동방법

1. 둘이 짝을 짓는다.
2. 마주 보고 앉아 친구의 얼굴을 잘 관찰하고 어떻게 만들 것인지 구상한다.
3. 교사가 나누어 준 뻥튀기 과자와 여러 가지 과자를 이용하여 친구 얼굴의 특징을 잘 살려 만든다.
4. 과자가 잘 부수어지기 쉬우므로 조심하여 다루고 혹 친구가 자신의 얼굴을 꾸밀 때 바라는 점을 표현한다면 수용하여 표현하도록 한다.
5. 친구의 얼굴이 완성되면 자신이 만든 작품을 들고 짝과 함께 발표한다.
6. 다른 아동들은 작품을 보면서 모델 친구와 어떤 점이 닮았는지, 어떤 점이 다른지, 어느 부분이 멋있는지 등을 이야기하는 시간을 가진다.
7. 자신의 얼굴 작품을 보고 어떤 부분이 마음에 드는지, 마음에 들지 않는 부분은 어디인지, 과자로 만든 자신의 얼굴을 보고 느낀 점을 이야기한다. 또 친구의 얼굴을 만든 아동은 자신의 의도를 정확하게 설명하고 친구가 자신의 작품을 긍정적으로 수용할 수 있도록 말한다.
8. 활동 후 느낀 점에 대해 이야기를 나눈다.

‖ 주의사항

1. 과자는 잘 부수어지기 쉬우므로 조심스럽게 다루도록 주의를 준다.

2. 다양한 종류의 과자를 준비하여 아동들이 자유롭고 풍성하게 표현할 수 있도록 돕는다.

3. 친구의 특징을 잘 살려서 만들 수 있도록 과자의 특성을 잘 활용하도록 한다.

과자로 친구 얼굴 만들기

◥ **사례 1: 초등 5, 남학생**

과묵한 친구의 모습을 표현하였다.

◥ **사례 2: 초등 6, 여학생**

큰 눈과 발그레한 친구의 볼의 특징을 잘
살려 표현했다.

사례 3: 초등 6, 남학생

여자 친구의 여성미를 잘 살려 표현했다.

사례 4: 초등 6, 남학생

곱슬머리와 진한 눈썹 도톰한 친구의 입
술을 잘 표현했다.

‖ 다시 한 번 해봐요

학교 모둠 참여하기

모둠 활동 중 자신의 의견을 주장한 부분이나 친구의 이야기를 긍정적으로 받아들인 부분, 부정적으로 받아들인 부분, 내 의견이 관철되지 않았을 경우 나의 마음과 대처방법, 다른 사람의 의견에 대해 다른 의견이 있을 경우 내가 사용한 방법을 적어 본다.

가장 좋은 거울은 오랜 친구다.

-하버트-

학교 모둠 참여하기

		나의 대처방법
내가 의견을 발표하였을 경우	긍정적	
	부정적	
친구가 의견을 발표하였을 경우	긍정적	
	부정적	

10월

마음을 나누어요

더욱 풍성한 친밀감,
함께하는 즐거움,
웃음, 관계 소원함의
해소, 상호작용

첫째 주: 협동 데칼코마니
둘째 주: 기분이 전달되어요
셋째 주: 돌보기
넷째 주: 나의 위치 발견하기

○ 첫째 주   협동 데칼코마니[5]

‖ 목표
1. 친구들의 작품을 서로 공유하면서 자연스러운 상호작용을 유도한다.
2. 작품이 서로 합쳐지는 모습 속에서 집단 응집력을 자연스럽게 경험한다.

‖ 준비물
물감, A4 크기 도화지, A4 용지, 연필

‖ 활동방법
1. 여러 가지 색의 물감을 이용하여 자신이 원하는 형태로 도화지 중앙에 물감을 짜고 종이를 접어 문질러 무늬를 만든다.
2. 자신의 작품 위에 새 도화지를 얹어 조심스럽게 무늬가 변형되지 않도록 찍어 내어 같은 문양 2개를 만든다.
3. 사본을 들고 친구의 작품 중 물감이 많이 묻어 있는 종이를 이용하여 다른 사람의 작품 위에 겹쳐 찍는다.
4. 2~3회 더 반복하여 찍으면서 섞인 색이 주는 느낌을 감상하고 친구들과의 결속력을 경험한다.
5. 각자의 작품에 제목을 붙인다.
6. 모둠을 정하고 의논하여 그림을 나열한 후 함께 이야기 꾸미기를 한다.
7. 꾸며진 이야기를 모둠별로 발표한다.
8. 활동 후 느낀 점에 대해 이야기를 나눈다.

---

5) 데칼코마니: 종이 위에 그림물감을 바르고 이를 두 겹으로 접거나 그 위에 다른 종이를 덮어서 문질러 물감의 흐름으로 생기는 우연한 얼룩이나 어긋남의 효과를 이용하는 기법

‖ 주의사항

1. 그림 작품에 물감이 부족하면 겹쳐 찍기가 잘 안 될 수 있으므로 물감을 충분히 사용한다.

2. 다른 그림과 겹쳐 찍을 때 친구의 그림이 흐트러지지 않도록 비틀거나 종이를 움직이지 않도록 주의한다.

협동 데칼코마니

사례 1: 초등 3, 4 그룹(개별활동)

겹쳐 찍기 하여 만들어진 작품

아동이 4회의 찍기를 통해 만들어 낸 작품에 제목을 붙였다.
'독수리 날다' 와 '검'

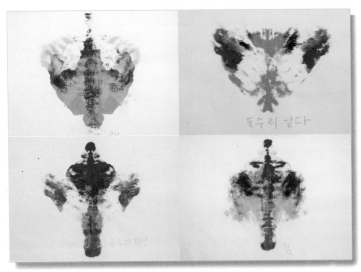

사례 2: 초등 3, 4 그룹(모둠활동)

**모둠이 모여 그림을 배열한 후
이야기 만들기**

모둠으로 모여 그림을 배열한 후
이야기 꾸미기를 하였다.
초원에 독수리가 날고 세상에서 가
장 아름답고 지혜로운 공주가 있었
다. 공주에게는 세상에서 하나뿐인
검이 있었는데 그 공주의 검을 차
지하기 위한 공격 속에서 공주가
검을 지켜내는 이야기

‖ 다시 한 번 해봐요

친구와 나의 공통점 찾기

1. 우리 반의 친구 5명을 선정한다.

2. 그 친구들과 나의 닮은 점이 무엇인지 관찰하여 적는다.

3. 전에 알고 있었던 닮은 점이나 새로운 닮은 점은 어떤 것인지 발견한다.

나보다 상대방을 생각하는 우정은 어떠한 어려움도 뚫고 나간다.

― G. 무어(Georg Moore)―

친구와 나의 공통점 찾기

친구 이름	나와 닮은 점
	1. 2. 3.
	1. 2. 3.
	1. 2. 3.
	1. 2. 3.
	1. 2. 3.
느낀 점이나 새롭게 알게 된 것	1. 2. 3. 4. 5.

○ 둘째 주   **기분이 전달되어요**

‖ 목표

1. 감정과 신체적 반응의 관계성을 깨닫는다.
2. 나와 타인의 감정과 행동이 서로 관련하여 반응함을 깨닫는다.
3. 내가 생각을 바꾸면 내 감정이 변화되고 신체적 반응도 바뀌는 것을 깨닫는다.

‖ 준비물

색종이 사람 모형 여러 개, 연필, 사인펜, 도화지

‖ 활동방법

1. 여러 가지 감정에 대해 브레인스토밍한다.
2. 아이들이 제시한 여러 가지 감정 중 기분 좋은 반응을 몇 가지 골라 신체적 반응이 어떻게 나타나는지 이야기한다.
3. 교사는 아이들이 감정에 따라 신체가 반응한다는 것을 인식하도록 돕는다.
4. 두려울 때, 화날 때, 짜증날 때, 슬플 때의 감정을 제시하고 아이들이 이 감정을 느낄 때 신체 반응이 어떻게 나타나는지 자유롭게 이야기하게 한다.
5. 이야기가 끝나면 신체 모양 색종이를 주고 자신과 관련된 사람을 붙인 후 그 사람이 어떻게 할 때 나의 어느 신체 부위가 어떤 반응을 나타내는지 적는다.
6. 나의 신체적 반응이 또 그 사람에게 어떤 감정과 반응을 일으키는지도 적는다.
7. 표현이 다 되면 자신의 감정과 반응 시트지를 가지고 이야기하는 시간을 가진다. 교사는 아동의 감정과 반응이 다른 사람의 감정과 반응에 서로 관련되어 일어난다는 것을 인식할 수 있도록 충분히 이야기해야 한다.

① 각자 긍정적인 감정일 때 신체적 반응이 잘 일어나는지 부정적인 감정일 때 반응이 잘 일어나는지 생각해 본다.

② 각자 없애고 싶은 신체적 반응은 어떤 것인지, 또 더 늘리고 싶은 신체적 반응은 어떤 것인지 이야기 나눈다.

③ 또 각자 특정한 상황이나 사람에게 부정적인 반응을 더 많이 보이지는 않는지를 살펴본다. 그리고 각자 느끼는 감정은 어떤 것이 있는지 살핀다.

④ 부정적인 반응을 줄이기 위해서 각자 할 수 있는 감정해소법을 발견하고 이야기 나눈다.

8. 활동 후 느낀 점에 대해 이야기를 나눈다.

∥ 주의사항

아동들이 감정과 신체 반응을 혼돈하여 표현할 경우가 있는데 어떤 사건이나 일을 경험했을 때 일어나는 마음(느낌)이 감정이며 감정이 일어나면서 생기는 신체의 신호(눈 깜박임, 미간 찡그림, 주먹 쥠 등)가 신체 반응임을 알려 주고 구분하도록 한다.

기분이 전달되어요

▚ 사례 1: 초등 6, 남학생

친구가 욕하며 때린다.

나: 화가 난다./ 뒷골 당긴다./
    심장 박동 수가 증가한다./
    더 심한 욕을 하며 때린다.
    친구: 화가 난다./ 동공이 커진다./
    더 심하게 때린다.

▚ 사례 2: 초등 5, 남학생

엄마가 TV를 못 보게 한다.

  나: 화난다./눈이 커진다./
     TV를 계속 컨다.
  엄마: 화난다./인상이 구겨진다./
      마구 때린다.
  나: 더 화난다./아프다./ 끝까지 본다.

‖ 다시 한 번 해봐요

감정과 신체 반응

매일 나의 감정과 함께 일어나는 신체 반응을 인식하면서 긍정적인 감정과 부정적인 감정일 때의 신체 반응이 어떻게 다른지, 또 얼마나 자주 나타나는지를 알아본다.

행복한 마음은 아름다운 얼굴을 만든다.

-영국 격언-

감정과 신체 반응

요일	사건	사건과 관련된 감정	나의 신체 반응

○ 셋째 주   **돌보기**

‖ 목표

1. 서로 배려하고 돌보는 과정에서 정서적 안정감이 생긴다는 것을 깨닫는다.
2. 다른 사람에게 기쁨이 되는 돌봄 목록을 만들고 실천함으로써 정서적 안정감과 자존감을 향상한다.

‖ 준비물

A4 용지, 색연필, 사인펜, 연필

‖ 활동방법

1. 2명이 함께 짝을 지어 앉는다.
2. 여러 가지 신체 활동을 통해 애정과 관심을 표현한다.
    ① 나비키스-속눈썹이 맞닿게 하여 눈을 깜박여서 서로 눈썹으로 간지럼 태우기
    ② 간지럼 부위 찾기-짝끼리 교대로 서로 간질이며 상대가 가장 간지럼 타는 부위를 찾아내고 웃음을 교환한다.
    ③ 안고 구르기 경주-서로 짝이 된 친구끼리 한 팀이 되어 안고 구르기를 한다.
    ④ 신문지 방석 위에 올라가기-점점 작아지는 신문지 방석 위에 친구와 함께 짝이 되어 올라간다.
3. 게임이 끝나면 진 팀이 이긴 팀을 업어 준다.
4. 서로에게 박수를 보내어 격려한 후 자리를 잡고 앉는다.
5. 그룹 활동에 참여하고 있는 친구들에게 어떤 돌봄을 받고 싶은지를 생각하고 돌봄 목록에 기록한다. 상대방에게 부담을 줄 수 있는 항목은 피한다. 상대가 충분히 기쁜 마음으로 돌보아 줄 수 있는 목록을 1개씩 적는다.

6. 자신이 친구들에게 돌봄을 받고 싶은 목록이 작성되면 반대로 내가 친구 각자 에게 어떤 돌봄을 줄 것인지 적는다. 친구 각자의 필요나 욕구를 잘 관찰하고 이해하여 친구의 마음이 흡족할 수 있는 것을 적는다.

7. 자신이 적은 목록에 해당하는 친구에게 가서 친구에게 " ○○아, 나는 너에게 ~돌봄을 받고 싶어."라고 말한다. 그리고 나는 그 친구에게 " ○○아, 나는 너를 ~으로 돌보아 줄게."라고 말한다.

8. 발표가 끝난 후, 혹 들어 줄 수 없거나 수정하고 싶은 목록이 있으면 서로 의 견을 조율하여 수정한다.

9. 활동 후 느낀 점에 대해 이야기를 나눈다.

‖ 주의사항

1. 함께 신체활동을 할 때 신체를 접촉하는 것을 꺼려하는 친구들에게 적극적으 로 활동에 참여할 것을 독려한다.

2. 돌봄 목록을 작성할 때 실천 가능한 것을 작성하도록 한다.

돌봄 목록

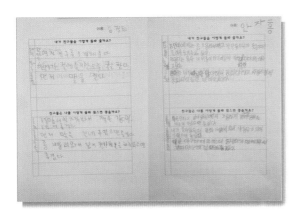

사례 1: 초등 6, 남학생

• △△아동
○○에게 여자 친구를 소개해 준다.
◇◇이 그룹에 늦지 않도록 1시간 전에 문자로 콜한다.
□□에게 먼저 말을 건다.

• ◇◇아동
△△는 너무 딴 짓을 하니 사랑스럽게 △△의 이름을 불러 준다.
○○은 욕을 많이 하기 때문에 순수한 이야기를 들려준다.
□□는 잘 안 웃으니까 웃긴 이야기를 해 준다.

사례 2: 초등 6, 남학생

• ○○아동
△△에게 좋은 행동에 대해 칭찬을 해 준다.
□□에게 그룹 모임 전날 문자를 보낸다.
◇◇ 옆에서 못 따라 가면 챙겨줄게.

• □□아동
○○에게 먼저 인사를 한다.
◇◇이 지각하지 않도록 전화한다.
△△에게 서로 궁금한 점을 물어보며 논다.

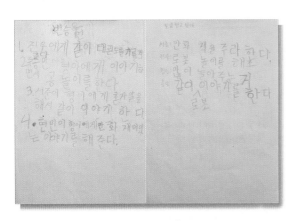

사례 3: 초등 2, 남학생

• ☆☆아동
○○에게 태권도를 같이한다.
◇◇에게 이야기하면서 공놀이를 한다.
□□에게 재미있는 이야기를 해 준다.
△△이 혼잣말을 하지 않도록 같이 이야기한다.

‖ 다시 한 번 해봐요

이런 돌봄을 받으면 행복할 것 같아요
가정에서 아동과 엄마가 각자 돌봄 목록을 작성하고 그중에서 상대가 지금 가장 필요로 하는 것이 무엇인지 선택하여 매일 한 가지씩 실천한다. 다른 가족과도 함께 돌봄 목록을 작성하고 가족 전체가 참여할 수 있도록 한다.

그대가 내 인생에 가져다준 그 조화로움에 내 사랑을 바칩니다.
-리처드 W. 웨버(Richard W. Weber)-

이런 돌봄을 받으면 행복할 것 같아요

가족 이름	내가 가족을 어떻게 돌보아 줄까요?

가족 이름	가족이 나를 어떻게 돌보아 주었으면 좋을까요?

○ 넷째 주   나의 위치 발견하기

‖ 목표

1. 친구들 속에서 자신의 위치를 깨닫는다.
2. 자신이 속하고 싶은 집단과 그 집단에 속하려면 내가 준비해야 할 것은 무엇인지 깨닫는다.

‖ 준비물

스티로폼 볼, 전지, 색연필, 사인펜, 크레파스, 이쑤시개, 목공풀, 칼 등

‖ 활동방법

1. 다양한 크기의 스티로폼 볼을 여러 개 준비한다.
2. 스티로폼 볼과 이쑤시개, 접착제 등을 이용하여 자신이 뭔가 하고 있는 모습을 만든다.
3. 자신의 모습이 완성되면 모둠을 나누고 각 모둠에게 전지를 1개씩 나누어 준다.
4. 전지를 모둠 가운데 펴고 자신이 있고 싶은 위치에 자신의 모형을 배치한다.
5. 배치한 모형을 붙이고 자신의 모습과 어울리는 배경을 꾸민다. 이때 친구들의 모형 배경과 자신의 모형 배경이 선이나 소재 등으로 연결이 되게 꾸미고 배경이 너무 동떨어지거나 친구들과의 배경이 단절 또는 절단되지 않게 그리도록 유도한다. 즉, 배경이 하나의 그림이 되게 표현하는 것이 좋다.
6. 배경 그림이 완성되면 어떤 곳인지, 자신은 무엇을 하고 있는지 설명하게 한다.
7. 돌아가면서 이야기가 끝나면 만약 내가 나의 위치를 바꾼다면 어떤 친구 옆에 가고 싶은지 그리고 그 이유는 무엇인지 자유롭게 표현하게 한다.

8. 내가 원하는 곳에 가기위해 필요한 것은 무엇인지 이야기를 나눈다.

9. 활동 후 느낀 점에 대해 이야기를 나눈다.

‖ 주의사항

1. 스티로폼 볼을 이용하여 자신을 꾸밀 때 고정이 잘되도록 접착제와 이쑤시개를 잘 활용하도록 한다.

2. 배경을 그릴 때 다른 친구들이 무엇을 그리는지 관찰하게 하고 아동 자신이 있는 곳의 배경이 다른 배경과 동떨어지지 않게 그리도록 한다.

나의 위치 발견하기

수영장에서 수영하는 친구, 운동장에서 운동하는 친구, 나무 그늘에서 책 읽는 친구, 잔디밭에서 자는 친구, 무대에서 헤드스핀 하는 친구

∥ 다시 한 번 해봐요

내가 속하고 싶은 그룹

내가 속하고 싶은 친구 그룹과 활동 그룹이 어떤 것이 있는지 적어 보고, 왜 그 그룹에 속하고 싶은지 또 그 그룹에서 얻고 싶은 것은 무엇인지, 내가 원하는 그룹에 속하려면 내가 준비해야 할 것은 무엇인지 생각하고 적어 본다.

'너만이 너다.' 이보다 더 의미 있고 풍요로운 말은 없다.

-셰익스피어(William Shakespeare)-

내가 속하고 싶은 그룹

내가 속하고 싶은 그룹	
그룹에 속하고 싶은 이유	
그룹에서 얻고 싶은 것	
내가 준비해야 할 것	

11월

상황 표현하기

상황에 적절하게 반응하기,
역할극으로 표현해 보기,
문제발견과 해결책 찾기,
감정의 이해, 효과적인
자기표현, 감정조절,
적절한 의사소통

첫째 주: 부모님의 싸우는 상황
둘째 주: 피하고 싶은 상황
셋째 주: 강해지고 싶은 상황
넷째 주: 걱정되는 상황

○ 첫째 주   부모님의 싸우는 상황

‖ 목표

1. 가족 갈등 상황에서 아동이 느끼는 정서와 심리적으로 지지하고 연합할 수 있는 가족은 누구인지 깨닫는다.
2. 가족 갈등 상황에서 아동의 대처 능력을 키운다.

‖ 준비물

남자와 여자가 그려진 그림, 색연필, 크레파스,
연필 등

‖ 활동방법

1. 남자와 여자가 그려진 밑그림을 보며 자신의 엄마, 아빠로 감정을 이입시켜 그림 속의 여자, 남자를 우리 엄마, 아빠 모습으로 꾸며준다.
2. 꼭 그림과 같은 상황이 아니더라도 부모님께서 서로 의견이 다른 경우, 원하는 행동이나 감정이 다른 경우를 모두 포함시켜 부모님의 모습을 표현한다.
3. 부모님을 표현한 후 자신을 비롯한 다른 가족이 부모님이 다투는 상황에서 취하게 되는 동작을 그림으로 표현한다.
4. 부모님이 어떤 내용으로 다투고 계신지 말풍선으로 꾸며 보고, 그때 자신과 다른 가족이 특정 행동을 취하면서 하게 되는 말도 말풍선으로 꾸민다.
5. 글과 그림으로 표현하기가 끝나면 부모님이 다투는 상황을 내가 어떻게 대처하는지에 대해 역할극을 한다. 내가 상황을 대처하는 방법과 그렇게 대처했을 경우 내가 느끼게 되는 감정에 대해 솔직히 역할극으로 표현한다.
6. 역할극이 끝나면 나와 비교해 친구들은 어떤 방법으로 상황을 대처하는지, 어떻게 다른지를 자유롭게 이야기한다.

7. 또한 내가 어떤 말이나 행동을 하면 조금 더 편해질 수 있는지에 대해 충분히
   이야기 나누는 시간을 가진다.
8. 활동 후 느낀 점에 대해 이야기를 나눈다.

‖ 주의사항

사람들은 누구나 의견대립을 할 수 있기 때문에 부모님의 싸움이 큰 문제가 되지
않으며 부끄러운 일이 아니고 그 상황 속에서 내가 편해질 수 있는 방법을 찾는
시간이므로 부모님의 싸우는 상황과 그때의 나의 감정을 솔직하게 표현하도록
격려한다.

부모님의 싸우는 상황

사례 1: 초등 6, 남학생

엄마가 나를 때려 나는 바닥에 쓰러져 있고, 아빠는 말로 하지 왜 아이를 때리냐며 엄마와 싸우고 계신다.

사례 2: 초등 4, 남학생

동생과 자신은 잠들었다고 생각하지만 부모님이 싸우는 소리를 다 듣고 있다.

II 다시 한 번 해봐요

내가 받은 도움과 내가 도와준 경험
일주일 동안 내가 다른 사람으로부터 받았던 도움이나 내가 다른 사람을 도운 경
우를 적고 상황에 따른 나의 기분을 적어 본다.

> 부모를 공경하는 효행은 쉬우나, 부모를 사랑하는 효행은 어렵다.
>
> —장자—

내가 받은 도움과 내가 도와준 경험

요일	내가 도움을 받은 상황과 기분	내가 도움을 준 상황과 기분

○ 둘째 주 | # 피하고 싶은 상황

‖ 목표
1. 일상생활에서 피하고 싶은 상황이나 사건을 인식한다.
2. 그런 상황에 나는 어떻게 대처하고 있는지 인식하고 보다 현명한 대처 방법을 모색하고 실천한다.

‖ 준비물
아동이 도망가는 모습이 그려진 그림, 연필, 색연필, 크레파스 등

‖ 활동방법
1. 내가 피하고 싶거나 도망가고 싶은 상황 또는 사건을 생각한다.
2. 피하고 싶거나 도망가고 싶은 상황 5개를 종이에 적는다. 그중에서 자신에게 가장 힘든 상황이라고 여겨지는 것을 밑그림을 이용하여 그림으로 표현한다.
3. 그림이 완성되면 친구들과 함께 모여 그림을 설명하고 그 상황에서 나는 어떻게 행동하는지 이야기한다.
4. 돌아가면서 이야기가 끝나면 각각의 상황에 가장 적절하다고 생각되는 행동 방법들을 친구들에게 조언하는 시간을 가진다.
5. 친구들이 제시한 방법 중 가장 적절하고 현명한 방법이라고 생각되는 것을 택한다.
6. 각각의 상황을 역할극으로 표현하고 자신이 선택한 해결점을 적용한다.
7. 그 방법을 선택했을 경우 '나에게 어떤 결과가 일어났는지?' '전의 상황과는 어떻게 다른지?'를 이야기하고 이전보다 더 긍정적인 부분은 어떤 것인지를 이야기한다. 이전보다 더 부정적인 결과가 나왔다면 어떻게 방법을 바꿔야 할지도 생각한다.

8. 활동 후 느낀 점에 대해 이야기를 나눈다.

‖ 주의사항

아동들이 문제를 해결하는 방법으로 선택한 것들이 긍정적인 것이 되도록 한다.

피하고 싶은 상황

◥ 사례 1: 초등 6, 남학생

동생에게 꼬집히는 상황을 피하고 싶다.

◥ 사례 2: 초등 6, 남학생

검도장에서 사범님의 기합을 피하고
싶다.

∥ 다시 한 번 해봐요

피하고 싶은 상황 대처법

그룹 활동 시간에 적었던 피하고 싶은 상황 5가지 중 4가지를 적고 각각의 상황에 대한 대처방법을 생각하여 적고 어떤 결과가 일어날지도 적어 본다.

모험적 인생이란 두려움을 면제받은 생애가 아니라 이를 극복하고 살아가는 생애를 말한다.

-튜니어(Tournier)-

피하고 싶은 상황 대처법

피하고 싶은 상황	대처 방법

셋째 주 · 강해지고 싶은 상황

∥ 목표

1. 약하고 무기력한 사자의 모습을 강하고 멋진 사자로 바꾸면서 억눌렸던 자신의 감정에 대해 대리 만족과 충족감을 느낀다.
2. 자신이 강하고 멋진 사자가 될 수 있는 방법을 찾으면서 강하고 멋진 모습의 나를 경험한다.

∥ 준비물

힘이 없고 기운이 없어 보이는 사자의 그림, 색종이, 크레파스, 색연필, 매직 등

∥ 활동방법

1. 사자 그림이 그려진 종이를 받는다.
2. 나누어 준 그림을 보고 느낌이 어떤지 이야기를 나눈다.
3. 아동들에게 여러 가지 재료를 나누어 주고 세상에서 가장 용감하고 멋진 사자가 되도록 그림을 꾸미게 한다.
4. 아동들의 그림이 완성되면 자신의 그림을 소개하는 시간을 가진다.
5. 발표가 끝나면 자신이 완성한 그림처럼 용감하고 멋진 사자가 되려면 나는 무엇을 해야 하는지 3가지 이상 적어 본다.
6. 멋진 사자가 되기 위해 적은 것을 발표하는 시간을 가진다. 또 내가 정한 행동을 지속하게 되면 나는 어떤 모습으로 변해 있을지 이야기한다.
7. 활동 후 느낀 점에 대해 이야기를 나눈다.

‖ 주의사항

1. 아동들이 다양한 재료를 이용하여 사자를 꾸밀 수 있도록 한다.

2. 멋진 사자가 되기 위한 행동을 정할 때 간단하고 즉각적이고 실천가능한 것을
   정하도록 돕는다.

힘센 사자 꾸미기

◤ 사례 1: 초등 6, 여학생

• 인기가 많았으면 하는 아동

• 힘센 사자가 되기 위한 방법
  공부를 열심히 한다.
  뒷말을 하지 않는다.
  다른 사람의 말을 들어준다.
  내가 잘할 수 있는 것을 개발한다.
  친구들에게 친절하게 대한다.

◤ 사례 2: 초등 5, 남학생

• 친구와의 관계가 어려운 아동

• 힘센 사자가 되기 위한 방법
  꾸준히 운동을 한다.
  학교 청소할 때 대충하지 않고 열심히 한다.
  친구들과 축구하면서 논다.
  나보다 힘이 없는 친구 도와주기
  발표하거나 말을 할 때 끝까지 말한다.

◤ 사례 3: 초등 4, 남학생

• 리더가 되고 싶어 하는 아동

• 힘센 사자가 되기 위한 방법
  발표를 많이 한다.
  운동을 꾸준히 한다.
  욕을 하지 않는다.
  친구를 때리거나 놀리지 않는다.
  짜증을 내지 않는다.
  장난을 심하게 치지 않는다.

Ⅱ 다시 한 번 해봐요

멋진 사자가 되기 위한 방법 실천하기

자신이 멋진 사자가 되기 위해 정한 행동들을 일주일 동안 실천하도록 한다.

> 절대로 쓰러지지 않는 것이 좋은 것이 아니라 넘어지면 곧 일어나는 것이 귀한
> 것이다.
>
> -골드스미스(Goldsmith)-

○ 넷째 주 　걱정되는 상황

‖ 목표

1. 요즘 자신이 친구관계에서 걱정하고 고민하는 상황을 생각하고 상황에 맞는 적절한 감정을 표현한다.
2. 자신의 감정을 이해하고 읽어 주는 긍정적인 피드백을 친구들에게 받으면서 감정의 지지를 받을 뿐 아니라 함께 해결책을 발견한다.

‖ 준비물

고민하는 표정의 아동의 그림, 연필, 색연필,
사인펜, 크레파스

‖ 활동방법

1. 뭔가 고민하는 듯한 표정의 인물이 그려진 그림을 아동들에게 나누어 준다.
2. 아동은 그림을 받아 자신의 모습으로 멋지게 꾸민다.
3. 그 아이가 자신이 된 경우를 상상하여 요즘 내가 친구들과의 관계에서 고민하거나 걱정하는 것이 무엇인지 생각 풍선을 채워 상황에 맞는 그림과 말을 첨가하여 그린다.
4. 그림이 완성되면 친구들과 모여 자신이 고민하는 것이 무엇인지 발표한다.
5. 발표가 끝나면 각자의 그림을 친구들에게 전달하고 그림을 받은 친구들은 그 친구를 위로하고 고민하는 것을 해결할 수 있는 방법을 적어 준다.
6. 자신의 그림을 다시 돌려받으면 친구들이 해 준 위로나 해결방법들을 읽고 가장 마음에 들거나 빨리 해결할 수 있는 것에 표시한다.
7. 선택한 방법을 가지고 이야기를 나누고 선택한 방법을 실천하면 친구관계에 어떤 변화가 있을지 이야기를 나눈다.
8. 활동 후 느낀 점에 대해 이야기를 나눈다.

Ⅱ 주의사항

1. 아동들이 친구의 고민을 해결하는 방법을 찾을 때 자신이 그 일을 당했다면 어떻게 할지 가장 좋은 방법을 적도록 한다.
2. 친구의 의견을 읽은 아동들이 친구들의 의견을 수용하는 방법 또한 배울 수 있게 한다.

걱정되는 상황

◥ 사례 1: 초등 5, 남학생

걱정되는 상황
- 친구들이 계속 시비를 걸어 교장선생님, 다른 선생님들, 친구들이 보는 앞에서 싸우지 않을까 걱정된다.

다른 아동들의 위로와 해결방법
- 나에게 시비 걸지 마. 그러면 우리가 싸우지 않게 되고 서로가 좋잖아.
- 우리 그만 싸우고 잘 지내자.
- 시비 걸면 무시한다.

◥ 사례 2: 초등 6, 남학생

걱정되는 상황
- 아이들이 자신의 별명(문어)을 자꾸 부를까 봐 걱정된다.

다른 아동들의 위로와 해결방법
- 장난으로 별명을 부르면 기분이 안 좋아져서 싸움이 일어날 수 있다고 말한다.
- 난 이 별명이 맘에 안 든다고 말한다.
- "놀리지 마라."라고 한다.
- 기분이 안 좋았겠구나.

◥ 사례 3: 초등 4, 남학생

걱정되는 상황
- 한 친구가 자꾸 시비를 건다. 그 아이는 다른 아이들에게도 시비를 잘 걸기 때문에 밉고 싫은 상황이다.

다른 아동들의 위로와 해결방법
- "제발 그만해."라고 말한다.
- 박치기를 한다.
- 먼저 좀 참는다.
- 그 자리를 피한다.

▌다시 한 번 해봐요

너는 어떤 고민을 하니?
다른 친구들은 친구관계에서 어떤 고민을 하는지 알아보면서 또래의 친구관계
에 대한 고민을 이해하고 나와 친구들의 고민은 어떻게 다른지, 다른 아이들은
어떤 고민을 하는지 알아보는 기회를 가진다.

걱정 없는 인생을 바라지 말고, 걱정에 물들지 않는 연습을 하라.

-알랭(Alain)-

너는 어떤 고민을 하니?

친구 이름	너는 친구관계에서 어떤 고민을 하니?

12월

마무리

성숙해진 나를 발견하기,
한 해의 마무리,
새로운 해의 계획, 희망

첫째 주: 나의 변화
둘째 주: 나의 신체 경험 회상하기
셋째 주: 나의 성장 만국기
넷째 주: 나의 10대 뉴스

○ 첫째 주 　 나의 변화

‖ 목표
1. 한 해를 돌아보고 나의 긍정적인 변화를 생각하면서 자신감을 가진다.
2. 친구들로부터 나의 긍정적인 변화에 대해 칭찬을 들으면서 즐거움과 자부심을 가진다.

‖ 준비물
연필, 도화지, 색연필 등

‖ 활동방법
1. 눈을 감고 한 해를 생각해 본다.
2. 한 해 동안 나의 변화된 모습을 나열해 본다.
3. 긍정적인 변화와 부정적인 변화로 나누어 각각 10개씩 적는다.
4. 나의 변화 중에서 다른 사람을 기쁘게 하는 변화와 나를 기쁘게 하는 변화를 찾고 그것을 그림으로 그린다.
5. 그림이 완성되면 친구들과 함께 모여 자신의 변화 중에서 그림으로 그린 변화를 중심으로 발표한다.
6. 친구의 발표를 들으면서 긍정적인 변화에 칭찬해 준다. 또 그 친구가 미처 발견하지 못한 긍정적인 변화를 말해 준다.
7. 친구들의 변화 중에서 본받고 싶거나 또 변화되었으면 하는 친구의 모습은 어떤 것이 있는지 자유롭게 이야기한다.
8. 친구의 이야기를 듣고 어떤 점을 변화시켜야 할지 다짐하는 시간을 가진다.
9. 활동 후 느낀 점에 대해 이야기를 나눈다.

‖ 주의사항
아동들이 긍정적이고 성숙된 자신의 모습을 발견하도록 돕는다.

나의 변화

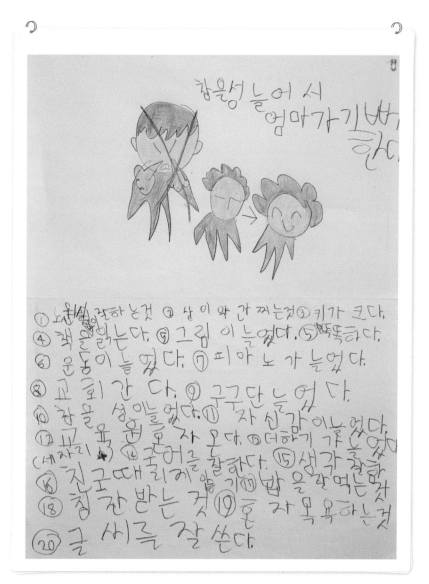

〈변화된 나의 모습〉

참을성이 늘었다.
혼자 목욕한다.
글씨 잘 쓴다.
교회에 간다.
구구단이 늘었다.
칭찬을 받는다.
자신감이 늘었다.
피아노가 늘었다.
운동이 늘었다.
친구를 때리지 않는다.

‖ 다시 한 번 해봐요

나의 모습
1. 변화되지 않은 모습은 어떤 것이 있는지 생각해 보고 가족이나 주변 친구들에게 조언을 들어도 좋다. 나의 변화되지 않은 모습은 어떻게 변화시킬 것인지 적어본다.
2. 지금까지 잘하고 있는 나의 긍정적인 행동을 생각하고 계속 잘 지킬 수 있도록 다짐한다.

현재의 모습대로 있어야 할 사람은 아무도 없다.
　　　　　　　　　　　　　　　　－해리 에머슨 포스딕(Harry Emerson Fosdick)－

나의 모습

변화되어야 할 나의 모습	유지해야 할 나의 모습

○ 둘째 주   **나의 신체 경험 회상하기**

‖ 목표
1. 나의 신체가 경험했던 여러 가지 사건들에 대해 자신이 느끼는 감정을 깨닫는다.
2. 경험과 관련하여 느꼈던 부정적인 감정을 해결하는 방법을 발견한다.

‖ 준비물
신체상이 그려진 도화지, 연필, 크레파스, 색연필

‖ 활동방법
1. 아동의 심리적 이완을 위해 간단한 게임을 한다(예: 뿡망치게임).
2. 테이블에 둘러앉아 신체상이 그려진 도화지를 받는다.
3. 도화지에 그려진 신체상을 크레파스, 색연필 등을 이용하여 자신의 모습으로 꾸민다.
4. 자신의 신체상으로 꾸미는 작업이 끝나면 다음과 같은 내용을 자신의 신체 부위에 적는다.
   • 머리: 가장 기억에 남는 일
   　　　 다시는 생각하고 싶지 않은 일
   • 눈: 다시 한 번 보고 싶은 일이나 사건
   　　　다시 보고 싶지 않은 일이나 사건
   • 귀: 들었던 말 중 또 듣고 싶은 말
   　　　들었던 말 중 가장 듣기 싫었던 말
   • 입: 내가 했던 말 중 다른 사람을 행복하게 했던 말
   　　　내가 했던 말 중 가장 후회되는 말

- 가슴: 내가 겪었던 일 중에서 가장 행복을 느꼈던 일이나 사건

    내가 겪었던 일 중 가장 마음 아팠던 일이나 사건

- 손: 내가 손으로 한 일 중 또 하고 싶은 것

    내가 손으로 한 일 중 다시는 하고 싶지 않은 것

- 다리: 또 가고 싶은 곳

    다시는 가고 싶지 않은 곳

5. 기록이 끝나면 적은 것을 토대로 집단원끼리 마음을 나누는 시간을 가진다.

6. 서로 마음 나누기를 하고 위로하고 싶은 말이나 행동을 취한다(안기, 토닥거리기 등).

7. 활동 후 느낀 점에 대해 이야기를 나눈다.

‖ **주의사항**

집단원끼리 부정적 경험에 대해 서로를 격려하고 상처를 해결할 수 있는 기회를 제공한다.

나의 신체 경험 돌아보기

▚ 사례 1: 초등 3, 남학생

긍정적인 경험
머리-잘할 수 있다는 생각
입-스테이크 먹자
귀-최고야
가슴-가족이 모두 함께 여행했던 일
손-불쌍한 사람을 도와주었다
발-필리핀 화산에 갔던 것

부정적인 경험
머리- 내가 애들 때렸던 생각
눈- 엄마가 집나간다고 했던 말
귀-친구의 재수 없는 말
가슴-컴퓨터 부순다
손-알림장에 시험 치는 것 안 쓴 것
발-밤에 혼자 슈퍼에 갔던 것

▚ 사례 2: 중 1, 남학생

긍정적인 경험
없음

부정적인 경험
머리-머리 잘라라
눈-게임에서 죽는 것 본 것
귀-머리 자르라는 소리
입-욕
가슴-외할머니 돌아가셨을 때
손-반 애들 때린 것
발-미용실 갔던 것

‖ 다시 한 번 해봐요

내 몸을 행복하게
다음의 표에 따라 자신을 돌보면서 매일매일 기쁨과 행복감을 즐길 수 있도록 실천한다.

경험은 현명한 사람의 유일한 예언이다.

　　　　　　　　　　　　　　　　　　　−라마르틴(Lamartine)−

내 몸을 행복하게(실천하는 순서는 자신이 정해도 좋아요)

날짜(요일)	아름답고 행복한 일	구체적인 내용
	아름다운 생각 한 가지	
	따뜻한 눈으로 바라보기	
	기분 좋아지는 말하기	
	가슴 뿌듯한 일 한 가지 하기	
	내 손으로 다른 사람 도움 주기	
	칭찬들을 일 한 가지 하기	
	가족과 산책하기	

○ 셋째 주   나의 성장 만국기

‖ 목표

최근 나의 마음, 모습, 생각의 성장을 돌아보고 만국기로 표현하여 전시하면서
자신의 성장에 만족감과 자신감을 가진다.

‖ 준비물

만국기를 달 수 있는 긴 끈 여러 개, 색종이, 반짝이 색종이, 다양한 무늬의 종이,
색도화지, 컬러매직, 사인펜, 풀, 테이프, 스테이플러 등

‖ 활동방법

1. 최근 자신의 모습을 돌아보며 나의 마음, 모습, 생각 등에서 일어난 변화 중
   성장이라고 생각되는 것을 찾아본다.
2. 자신을 돌아보고 조금이라도 성장이 일어났으면 여러 가지 종이에 글로 적고
   변화를 상징하는 그림과 성장을 돋보이게 하는 그림들을 그려 꾸민다.
3. 10개 이상 자신의 성장을 표현한 사람은 교사가 활동실에 달아 놓은 끈에 만
   국기를 단다.
4. 만국기를 달면서 자신이 적어 놓은 글을 크게 읽어 다른 친구들에게 자랑하게
   한다. 친구들은 칭찬을 아끼지 않고 해 준다.
5. 준비된 줄에 만국기가 채워질 수 있도록 아이들이 자신의 성장을 많이 찾아
   적도록 한다.
6. 만국기가 채워지면 아이들이 만국기 아래서 즐거운 게임이나 운동을 할 수 있
   게 하고, 자신의 성장 중에서 가장 자랑스러운 것들을 이야기하도록 한다.
7. 활동 후 느낀 점에 대해 이야기를 나눈다.

‖ 주의사항

1. 교사는 아동들이 자신의 작은 부분이라도 성장이 일어난 것을 찾도록 돕는다. 아동들을 격려하기 위해 교사도 함께 작업에 참여해도 무방하다.
2. 줄에서 아동들의 성장을 적은 종이들이 떨어지지 않도록 잘 고정한다.

나의 성장 만국기

◤ **사례: 초등 1학년 혼성 그룹**

활동 1: 만국기 달기
아이들이 자신의 성장을 적은 만국기를 줄에 달아 놓았다.

활동 2: 게임 즐기기
자신들의 장점을 적은 만국기 아래서 게임을 즐기고 있다.

‖ 다시 한 번 해봐요

다른 사람의 성장 칭찬하기

1. 내 주변의 가족이나 친구들의 모습에서 변화된 모습을 살핀다.

2. 칭찬하고 싶은 주변 사람들의 변화를 발견하면 즉각적으로 그 사람의 성장을
   언급하고 칭찬한다.

3. 다른 사람의 성장을 칭찬하면서 나도 함께 기쁨을 느낀다.

꿈을 갖고 배우며, 변화를 도모하기에 너무 늦은 때란 없다.

－시어도어 루빈(Theodore Rubin)－

다른 사람의 성장 칭찬하기

친구 이름	그 사람의 성장을 칭찬해 주세요

○ 넷째 주   나의 10대 뉴스

‖ 목표

- 1년 동안 내 주변에 일어났던 여러 가지 사건들에 대해 재해석하는 시간을 가진다.
- 1년 동안 내가 경험한 사건들은 모두 나의 성장에 도움이 되는 것임을 안다.

‖ 준비물

연필, 도화지, 색연필, 크레파스, 사인펜 등

‖ 활동방법

1. 눈을 감고 한 해를 돌아본다.
2. 한 해 동안 경험했던 사건들을 생각해 본다.
3. 그중에서 중요한 10가지 사건들을 종이에 적는다.
4. 10가지 사건 중 Best 3을 골라 도화지에 그림으로 그린다.
5. 그림이 다 그려지면 모여 앉아 각자에게 있었던 사건 10가지를 발표하고 그중에서 Best 3는 어떤 것인지 그림과 함께 발표한다. 또 그 사건은 나에게 어떤 영향을 미쳤는지 이야기한다.
6. 친구들의 이야기에 귀 기울이면서 친구들에게는 어떤 일이 있었는지 또 그 사건은 친구를 어떻게 변화시켰는지 이해한다.
7. 내년에는 어떤 일이 일어났으면 좋겠는지 내가 바라는 사건들을 이야기해 보는 시간을 가진다.
8. 활동 후 느낀 점에 대해 이야기를 나눈다.

‖ 주의사항

1. 한 해 동안 일어났던 일을 통해 긍정적인 생각을 갖도록 유도한다.
2. 한 해를 돌아보고 정리하는 시간을 가지도록 한다.

나의 10대 뉴스

사례 1: 초등 3, 남학생

- 친구와 싸웠지만 그 덕분에 우정을 더 쌓을 수 있었다.
- 급체해서 거의 입원할 뻔했다.
- 영재대회에서 가는 시간을 잊어서 탈락했다.

사례 2: 초등 5, 여학생

- 동생이 내 자전거를 잃어버렸다.
- 나 혼자 이불을 갰다.
- 센터 선생님이 삐쳤다.

사례 3: 초등 1, 남학생

- 돈을 모으게 되었다.
- 새롭고 큰 집으로 이사를 갔다.
- 케이크를 만들었다.

‖ 다시 한 번 해봐요

우리 가족의 10대 뉴스

가족이 모두 모여 우리가족 구성원에게 있었던 여러 가지 사건들을 이야기한다.
그중에서 10가지를 골라 종이에 적은 후 가족 각자에게 그 사건은 어떤 영향을
미쳤는지 이야기한다. 또 좋은 일과 나쁜 일 속에서 가족이라는 울타리가 있었음
을 인식하고 서로에게 감사하며 내년에는 가족에게 어떤 일이 일어났으면 하는
지 소망을 말하면서 가족 공동체만이 누릴 수 있는 감정과 생각을 교류한다.

성장한다는 것은 살아 있다는 유일한 증거다.

-뉴먼(Newman)-

우리 가족의 10대 뉴스

우리가족 10대 뉴스
(그걸 BEST3 찾아 별점하기)
1.강아지 (해피) 샀다.

2.센텀파크로 이사 왔다.

3 누나가 수능시험을 쳤다.

4 나가 도장에서 태극띠를 딴것

5 서바 이벌 하러 간것

6 엄마아빠 결혼식 다시 한것

7 우리 가족이 탁자를 앞고 사진 재로 간것

8 팔이 다친것

9 요리 (연) 시험 친것

10 우리가족 2008년 보내든것

🔖 **사례 1: 초등 6, 남학생**

- 강아지를 샀다(해피).
- 센텀파크로 이사를 했다.
- 누나가 수능을 쳤다.
- 엄마 아빠가 결혼식 사진을 다시 찍었다.
- 요리 학원을 다니게 되었다.
- 검도장에서 서바이벌을 하러 갔다.

🔖 **사례 2: 초등 3, 남학생**

- 강아지가 생겼다(짱아).
- 암송대회에서 상을 받았다.
- 엄마가 많이 아팠다.
- 놀이동산에 갔다.
- 구민운동장에서 가족과 놀았다.
- 경주에 갔다.

(크사전) < 10대 뉴스 >
① 짱아가 생긴 것.

② 예준이와, 나와 싸워서 엄마,아빠께 혼난 것.

③ 전에 암송대회를 나가서 잘해서 나~ 마음에 케익도 같이 맛있게 먹었다.

④ 짱아랑 산에서 가족들이랑 열 나게 먼~ 이 논 것.

⑤ 가족이랑 화명초등학교에 가서 3시간쯤 논 것.

⑥ 엄마가 전에 저녁에 자고있는데 만능이 파서 아빠, 나,예준이나 엄마를 걱정 했다.

⑦ 구민운동장에서 치킨도먹고, 재미있게 놀았다.

⑧ 벡스코에서 엄청 나게 재미있게 놀았다.

⑨ 경주에 가서 무덤도 만능이보고, 놀고, 1 밤잔 지으로 왔다.

참고문헌

강문희, 강희연(1999). 유아의 부정적 정서에 대한 부모의 반응유형. 유아의 대처반 및 또래 수용 간의 관계 연구. **한국아동학회, 20**(3), 171-182.

강승아(1994). 동적가족화에 의한 비행청소년의 가족지각. **한국미술치료학회 학술발표대회 자료집,** 53-54.

강문희, 신현옥, 정옥환, 정정옥(2004). **아동발달**. 서울: 교문사.

고윤정(2004). 미술활동이 유아의 창의력에 미치는 영향에 관한 연구: 체험 미술활동을 중심으로. 강원대학교 교육대학원 석사학위논문.

고정자, 이미옥, 이금숙(1998). 정신분열증 환자의 자기이해 증진을 위한 집단미술치료 사례. **미술치료연구, 5**(2), 93-124.

곽정남(2000). 직업보도 청소년들의 사회기술 향상을 위한 집단 프로그램에 관한 연구. 가톨릭대학교 사회복지대학원 석사학위논문.

권귀진(2005). 동료 모델 비디오를 활용한 사회극 놀이가 발달장애아동의 사회적 기술에 미치는 효과. 대구대학교 특수교육대학원 석사학위논문.

김경중, 류왕효, 류인숙, 박은준, 신화식, 유구종, 정갑순, 조경미, 조희숙, 주리분, 최인숙, 최재숙(1998). **아동발달심리(개정판)**. 서울: 학지사.

김기영(2003). 사회적 기술 증진 프로그램이 시설 아동의 자아존중감과 사회적 기술에 미치는 효과. 경북대학교 대학원 석사학위논문.

김명옥(2004). 고교생의 일반지능, 다중지능 및 정서지능과 학업성취도 간의 관계 분석. 강원대학교 교육대학원 석사학위논문.

김선관(2001). 가출 소녀들의 자아존중감 향상을 위한 집단미술치료 사례 연구. 광주대학교 경상대학원 석사학위논문.

김선영, 안선희(2006). 초등학교 1학년 아동의 학습관련 사회적 기술과 초기 학교적응 및 학업성취도와의 관계. **아동학회지, 27**(6), 183-197.

김수주(2004). 미술활동을 통한 집단상담의 저소득층 아동의 자존감 및 사회적 기술 향상에 미치는 효과. 이화여자대학교 교육대학원 석사학위논문.

김연옥(2006). 집단미술치료 프로그램이 초등학생의 창의성과 학습흥미에 미치는 효과. 영남대학교 교육대학원 석사학위논문.

김옥희(1999). 협동그림 활동과 교사가 지각한 유아의 다중지능과의 관계연구. 한양대학교 교육대학원 석사학위논문.

김진미(2005). 사회적 기술 훈련 프로그램이 저소득층 한부모 가정 아동의 사회적 기술, 학교 적응, 자아존중감에 미치는 효과. 계명대학교 대학원 석사학위논문.

김현숙(2001). 집단미술치료가 중학생의 자긍심과 사회성 향상에 미치는 효과. 아주대학교 교육대학원 석사학위논문.

김혜경(2005). 집단미술치료가 초등학교 아동의 자아존중감 및 사회적 기술 향상에 미치는 효과. 한양대학교 교육대학원 석사학위논문.

남억우, 김충신, 백용덕(1969). 국민학교 아동의 창의력 발달을 위한 실험연구. **인천교육대 논문집, 4,** 211-230.

남정현(2008). 집단미술치료의 치료요인 척도 개발. 경성대학교 대학원 박사학위논문.

남현우, 이지현(1999). 집단미술치료를 통한 저소득층 가정 아동의 자아개념 증진. **미술치료연구, 6**(1), 57-72.

류정자(2000). 집단미술치료가 노인의 학습된 무기력 및 우울 정서에 미치는 효과. 경성대학교 대학원 박사학위논문.

문용린(2008). 〈학문 간 대화로 읽는 학술 키워드 7. 지능〉 다중지능, 지능지수 대체한다. **교수신문.** 2008. 10. 13. www.kyosu.net.

민천기(2003). 다중지능이론에 기초한 교수-학습 활동이 아동의 창의성에 미치는 효과. 대구대학교 교육대학원 석사학위논문.

박소연(2005). 사회적 기술 훈련이 초등학교 저학년 아동의 공격성에 미치는 효과. 대구교육대학교 교육대학원 석사학위논문.

박아청(1992). **현대의 교육 심리학.** 서울: 학문사.

박을숙(2008). 집단미술치료가 부적응 아동의 자아존중감과 사회적 기술 향상에 미치는 효과. 대구대학교 대학원 석사학위논문.

서미옥(2002). 사회적 기술 훈련이 유아의 사회적 기술 및 상호협력 행동에 미치는 효과. 경북대학교 대학원 박사학위논문.

서소희(2008). 시지각 향상 집단미술치료가 비언어적 학습장애 아동의 국어과 학습기능과 사회적 기술에 미치는 효과. 영남대학교 대학원 박사학위논문.

성경웅(1974). 특수 프로그램을 통한 초등학교 아동의 창의력 개발을 위한 실험적 연구.

연세대학교 교육대학원 석사학위논문.

송연자, 이윤옥(2004). 우뇌 창의성 프로그램과 전뇌 창의성 프로그램이 유아의 창의성에 미치는 효과. **유아교육연구, 24**(6), 5-26.

유연수, 이양희(2001). 사회적 고립 아동의 사회기술훈련 효과에 관한 메타분석. **아동학회지, 22**(4), 51-67.

유효순(1993). **아동발달**. 서울: 창지사.

윤승이(2007). 사회적 기술 훈련 프로그램이 초등학교 아동의 또래 유능성과 수용도에 미치는 효과. 한국교원대학교 교육대학원 석사학위논문.

이경숙(2009). 사회적 기술 훈련 프로그램이 초등학생의 학교적응 및 학습동기에 미치는 효과. 한국교원대학교 교육대학원 석사학위논문.

이경화(2002). 유아의 창의적 능력과 창의적 성격. **교육심리연구, 16**(3), 146-160.

이길호(2002). 중학생의 다중지능과 창의성 및 학업성취도의 관계. 한국교원대학교 교육대학원 석사학위논문.

이미라(2007). 사회적 기술 집단 상담 프로그램이 초등학교 아동의 사회적 기술과 학교생활 적응에 미치는 영향. 서울교육대학교 교육대학원 석사학위논문.

이미애(2001). 집단미술치료가 학교부적응 초등학생의 학교적응에 미치는 효과. 경상대학교 대학원 석사학위논문.

이봉순(2006). 유아의 지능과 창의성 간의 관계: 일반지능과 다중지능을 중심으로. 전북대학교 대학원 박사학위논문.

이연영(1998). 추상화를 통한 창의성 검사의 타당화 연구. 숙명여자대학교 대학원 석사학위논문.

이은주(2007). 학교 방과 후 집단미술치료 프로그램이 아동의 정서에 미치는 효과. **서울여자대학교 학생생활연구, 20**, 41-59.

이인순(1987). 창의성 구성 요인과 훈련효과. 성균관대학교 대학원 박사학위논문.

이장호, 김정희(2001). **집단상담의 원리와 실제**. 서울: 법문사.

이정식(2004). 지능과 창의성의 발달경향성 분석: 유아기에서 청소년까지. 경성대학교 대학원 박사학위논문.

이정윤, 이정아(2004). 초등학생의 학교적응과 관련된 개인 및 가족요인. **한국심리학회지: 상담 및 심리치료, 16**(2), 261-276.

이진경(2007). 유아기 표현력 향상을 위한 지도 방안에 관한 연구. 상지대학교 교육대학원 석사학위논문.

이진익(2008). 사회적 기술 훈련 프로그램이 정신지체 학생의 사회적 능력과 학교적응력에 미치는 효과. 대구대학교 대학원 석사학위논문.

이춘자(2000). 사회적 기술 훈련이 아동의 교우관계, 학급활동 및 사회적 추론 능력에 미치는 영향. 부산대학교 대학원 석사학위논문.

이태영(2001). 유아를 위한 사회적 유능감 증진 프로그램의 구성 및 효과검증. **유아교육연구, 21**(3), 293-324.

이현명(2008). 사회적 기술 향상 프로그램이 고립아동의 자기존중감과 교우관계에 미치는 영향. 전주교육대학교 교육대학원 석사학위논문.

이현진, 이미옥(2006). 협동 작업 중심의 집단미술치료가 저소득층 아동의 또래관계 및 사회성에 미치는 효과. **미술치료연구, 13**(3), 459-481

전미향(1997). 집단미술치료가 청소년의 자기존중감과 사회적응력에 미치는 효과. 영남대학교 대학원 박사학위논문.

전미향, 최외선(1998). 집단미술치료가 청소년의 자기존중감, 사회적응력에 미치는 효과. **미술치료연구, 5**(1), 75-90.

전선재(2003). 부모 양육태도와 아동의 다중지능 발달 및 창의성의 관계. 한국교원대학교 대학원 석사학위논문.

정지현(2008). 보육교사가 지각한 교사-유아관계와 유아의 자아지각이 유아의 학습과 관련된 사회적 기술에 미치는 영향. 계명대학교 대학원 석사학위논문.

정황순(2000). 창의성 계발프로그램의 적용이 창의성, 정서지능 및 다중지능에 미치는 효과. 원광대학교 대학원 박사학위논문.

조선옥(1999). 초등학생의 성별, 다중지능 수준과 창의성 및 학업성취도와의 관계. 진주교육대학교 교육대학원 석사학위논문.

조성연(1990). 아동의 창의성 발달 및 이에 관련된 생태학적 변인에 관한 연구. 연세대학교 대학원 박사학위논문.

최경숙(2001). **발달심리학.** 서울: 교문사.

최미현(2003). 초등학생의 다중지능과 창의성 및 자기효능감과의 관계. 원광대학교 교육대학원 석사학위논문.

최성희(1998). 초등학교 아동의 창의성 신장을 위한 교육 프로그램 효과. 서강대학교 대학원 석사학위논문.

최외선, 김갑숙, 최선남, 이미옥(2006). **미술치료기법.** 서울: 학지사.

최외선, 이근매, 김갑숙, 최선남, 이미옥(2008). **마음을 나누는 미술치료.** 서울: 학지사.

최정민(2000). 초등학생의 다중지능과 창의성 및 학업성취도와의 관계. 한국교원대학교 대학원 석사학위논문.

최혜순(2007). **유아 사회 교육.** 서울: 동문사.

허승희(1993). 초등학교 아동을 위한 사회 정서적 고립척도 개발. **초등교육연구, 7**(1), 19-32.

홍자현(2001). 집단미술치료 프로그램이 아동의 창의성에 미치는 효과. 대구대학교 재활과학대학원 석사학위논문.

황유경(2005). **미술치료로 아이들에게 한 걸음 다가서기.** 서울: 혜성출판사.

황지희(2003). 집단미술치료가 초등학교 아동의 창의성과 학습흥미에 미치는 효과. 대구대학교 재활과학대학원 석사학위논문.

Amabil, T. M. (1983). The social psychology of creativity: A componential conceptualization. *Journal of Personality and Psychology, 45*, 357-376.

Barron, F. (1988). Putting creativity to work. In R. J. Sternberg (Ed.), *The Nature of Creativity* (pp. 76-98). NY: Cambridge University Press.

Black, B., & Hazen, N. L. (1990). Social status and patterns of communication in acquainted and unacquainted preschool. *Children Physician Developmental Psychology, 11,* 23.

Cooper, D. H., & Farran, D. C. (1988). Behavioral risk factors in kindergarten. *Early Childhood Research Quarterly, 3*(1), 1-19.

Elias, M. J., & Clabby, J. F. (1992). *Social decision-making skills: A curriculum guide for the elementary grades.* Rockville, MD: Aspen.

Freud, S. (1959). The creative attitude. In H. H. Anderson (Ed.), *Creativity and its cultivation* (pp. 44-54). NY: Basic Books.

Gomi Taro (2002). **그림으로 생각 키우기.** 서울: 창해.

Gresham, F. M., & Elliott, S. N. (1984). Assessment and classification of children's social skills: A review. A methods and issues. *School psychology Review, 13*(3), 292-301.

Guilford, J. P. (1952). Creativity. *American Psychologist, 5,* 449-454.

Harper, T. (1983, Oct 4). *Celebrated Sculptor can't even read* (Associated Press). Boulder, CO: Bryan-College Station Eagle, Pagel C.

Hartup, W. W., & Moore, S. G. (1990). Early peer relations: Developmental significance and prognostic implications. *Early Childhood Research Quarterly, 5* (1), 1-18.

Humphrey, L. G. (1962). The organization of human abilities. *American Psychologist, 17*(3), 475-483.

Hurlock, E. B. (1972). *Child development.* New York: McGraw-Hill Book Company.

Kelly, H. H. (1972). Attribution in social interaction, In E. E. Jones, D. E. Kanouse, H. H. Kelley, R. E. Nisbett, S. Valins & B. Weiner (eds.), *Attribution: Perceiving the causes of behavior* (pp. 1-26). Morristown, NJ: General Learning Press.

Ladd, G. W. (1992). Themes and theories: Perspectives on processes in family-peer relationships. In R. D. Parke & G. W. Ladd (Eds.), *Family-peer relationships: Modes. F linkage* (pp. 3-34). Hillsdale, NJ: Lawrence Erlbaum Associate.

Ladd, G. W., Birch, S. H., & Buhs, E. S. (1999). Family, School and Community Children's Social and Scholastic Lives in kindergarten. *Child development, 70* (6), 1373-1400.

Mackinnon, D. W. (1978). *In Search of human effectiveness.* New York: Creative Education Foundation, Inc.

Malchiodi, C. A. (1998). *Understanding Children's Drawings.* The Guilford Press.

Malchiodi, C. A. (2000). **미술치료**(김진영, 최재영 공역). 서울: 조형교육.

Maslow, A. H. (1976). Creativity in self-actualizing people. In a Rothenberg, & C. R. Hausman (Eds.), *The creativity question* (pp. 86-92). Durham, NC: Duke University Press.

Mcfall, R. M. (1982). A review and reformulation of social skills. *Behavioral Assessment, 4*, 1-33.

Mcclelland, M. M., Morrison, F. J., & Holmes, D. C. (2000). Children at risk for early academic problems: the role of learning-related social skills. *Early Childhood Research Quarterly, 15*(3), 307-329.

Morganett, C. (1994). Ten tips for Improving Teacher-Student Relationships. *Social education, 59*(1), 27.

Osborn, A. F. (1963). *Applied imagination: Principles and procedures of creative problem solving.* NY: Charles Scribner's Sons.

Perry, C. L. (1987). Results of prevention programs with adolescents. *Drug and Alcohol Dependence, 20*, 13-19.

Phillips, E. L. (1985). Social skills: History and prospect. In L. L' Abate & M. A. Milan (Eds.), *Handbook of social skills training and research* (pp. 3-21). New York: Wiley.

Renzulli, J., & Hartman, R. (1971). Scales for rating the behavioral characteristics of superior students. *Exceptional Children, 38*, 243-248.

Rimm, S. (1976). *Group inventory for finding creative talent.* Wattertown, Wis.: Educational Assessment Service.

Rogers, C. R. (1959). A theory of therapy. personality and interpersonal relationships, as developed in the client centered framework. In S. Koc (Ed.), *Psychology: The study of science, 3*, 184-256.

Rogers, C. R. (1962). *Toward a theory of creativity.* In S. J. New York: Scriboner's.

Thurstone, L. L. (1952). *Applications of Psychology.* New York: Harper & Row, Publisher.

Torrance, E. P. (1962). *Guiding Creative Talent.* NJ: Prentice-Hall Inc.

Torrance, E. P. (1965). Gifted children in classroom. In L. C. Deighton (Ed.), *The encyclopedia of Education.* The Macmillan Company & The Free Press.

Urban, K. K. (1995). *Creativity-A componential approach.* Post conference China meeting of the 11th world conference on gifted and talented children. Beijing, China, August, 5-8.

Wanlass, R. A., & Prinz, R. J. (1982). Methodological issues in conceptualizing and treating childhood social isolation. *Psychological bulletin, 92*(1), 39-55.

Williams, F. (1980). *Classroom ideas for encouraging thinking and feeling.* NY: D. O.K. Pub.

찾아보기

《인 명》

《내 용》

저자 소개 ─────────────────────────────

▌**최외선**
　영남대학교 미술치료 전공 교수
　수련감독미술치료전문가

▌**김갑숙**
　영남대학교 미술치료 전공 교수
　수련감독미술치료전문가

▌**서소희**
　부산인지학습증진센터 원장
　미술치료사

▌**홍인애**
　부산인지학습증진센터 교사
　미술심리치료사

창의성과 사회적 기술 향상을 위한
미술치료 열두 달 프로그램

2010년　8월 25일　1판　1쇄 발행
2022년　8월 10일　1판 10쇄 발행

지은이 • 최외선 · 김갑숙 · 서소희 · 홍인애
펴낸이 • 김 진 환
펴낸곳 • **㈜ 학지사**
　　　　04031 서울특별시 마포구 양화로 15길 20 마인드월드빌딩 5층
대표전화 • 02) 330-5114　　팩스 • 02) 324-2345
등록번호 • 제313-2006-000265호
홈페이지 • http://www.hakjisa.co.kr
페이스북 • https://www.facebook.com/hakjisabook

ISBN 978-89-6330-454-0 93180

정가 **17,000원**

출판미디어기업 **학지사**

간호보건의학출판 **학지사메디컬** www.hakjisamd.co.kr
심리검사연구소 **인싸이트** www.inpsyt.co.kr
학술논문서비스 **뉴논문** www.newnonmun.com
원격교육연수원 **카운피아** www.counpia.com